UNA LARGA HISTORIA ESCRITA EN PIEDRA
© Pedro Arenas Calzado
Diseño de portada: Pedro Arenas Calzado/Dpto. de Diseño Gráfico Exlibric

Iª edición

© ExLibric, 2026.

Edición patrocinada por el Ayuntamiento de Villanueva de la Reina.

Editado por: ExLibric
c/ Cueva de Viera, 2, Local 3
Centro Negocios CADI
29200 Antequera (Málaga)
Teléfono: 952 70 60 04
Fax: 952 84 55 03
Correo electrónico: exlibric@exlibric.com
Internet: www.exlibric.com

ISBN: 979-13-88255-24-3
Depósito Legal: MA 458-2026

Impresión: PODiPrint
Impreso en Andalucía – España

Nota de la editorial: ExLibric pertenece a Innovación y Cualificación S. L.

PEDRO ARENAS CALZADO

UNA LARGA HISTORIA
ESCRITA EN PIEDRA

ExLibric

ANTEQUERA 2026

Índice

Prólogo

Este trabajo nace de un deseo y de una necesidad sentida durante años: dar forma escrita a la tarea de investigación histórica que emprendí tras los hallazgos de 2008, cuando, bajo el polvo del pasado, emergió la estructura gótico-mudéjar de la iglesia de la Natividad de Nuestra Señora. La falta de tiempo por la actividad laboral me ha impedido durante todos estos años materializar esta obra, que nace con la vocación de descifrar y poner por escrito el relato de aquellos descubrimientos que con tanta ilusión expuse en imágenes y con tanto entusiasmo fueron acogidos por todos los villanoveros que se hicieron eco de los mismos. Hoy, una vez jubilado, tengo por fin el tiempo que necesitaba para llevar al papel el resultado de aquel bonito trabajo y compartirlo con todos los que queráis leerlo.

Durante mucho tiempo, las diferentes interpretaciones sobre el templo se centraron en las fuentes documentales y el análisis de su imponente fábrica renacentista. Sin embargo, había elementos que no terminaban de encajar. Aquellos hallazgos no fueron un mero apéndice de lo ya conocido, sino que se revelaron como la clave que permitía, por fin, articular con sentido la secuencia completa de la evolución histórica de nuestra parroquia.

Una historia que durante años pareció un relato con capítulos inconexos encontró su hilo conductor en el año 2008. Aquel descubrimiento fue la pieza que faltaba en el puzle, la clave que nos permitió comprender por qué el edificio es como es. De repente la secuencia evolutiva cobró un sentido lógico y completo, lo que nos empujó a emprender con garantías el estudio de la evolución histórica de la iglesia, con un relato coherente, actualizado y fundamentado en la evidencia material emergida ese año y que daba sentido a siglos de intervenciones.

El objetivo de estas páginas se centra, eminentemente, en el análisis de dicha evolución histórica, de las transformaciones que dejaron huella en sus muros, en realizar un recorrido cronológico a través de las distintas fases constructivas del templo, desde sus orígenes hasta su configuración actual. Si bien en sus páginas también se ofrecen ligeras descripciones del valioso patrimonio artístico que atesora el edificio, su estudio pormenorizado es una labor fascinante y necesaria que un día deberá ser llevada a cabo con la profundidad que merece por los historiadores del arte.

Espero que el lector encuentre en estas páginas las claves para comprender el edificio no como una imagen estática, sino como un ente vivo, que ha crecido y se ha transformado, que le invite a mirar sus muros de nuevo y a leer en ellos la magnífica y compleja historia escrita en sus piedras.

1

Introducción

En el corazón noble de Villanueva de la Reina se alza la iglesia como un vestigio del tiempo cuyos muros no solo convocan a la devoción, sino que susurran al oído relatos y secretos de siglos pasados. La iglesia de la Natividad de Nuestra Señora no es solo un templo, es un palimpsesto[1] arquitectónico cuyos muros, testigos mudos del tiempo, se convierten en páginas de una crónica tallada en piedra que narran en silencio los episodios de nuestra historia, desde los ecos medievales del siglo XIII hasta los albores del siglo XXI.

Erigida en el enclave más privilegiado del trazado urbano, frente al Ayuntamiento y dominando la antigua calle Arrecife, arteria vital de la villa medieval, la iglesia parroquial no solo ha presidido la vida religiosa del pueblo, sino que ha sido su epicentro simbólico y cultural, la brújula que, junto con el inseparable río Guadalquivir, orienta el relato de su identidad y armoniza el devenir de su cambiante fisonomía a través de los siglos: torre musulmana, tímido lugar de culto románico, mutación bajo el influjo del gótico mudéjar, aspiración a templo gótico que finalmente se vistió de majestuoso Renacimiento y se adornó con una capilla barroca.

Descubrir sus secretos es, por tanto, emprender un viaje fascinante a través del tiempo donde cada piedra oculta una historia y cada hallazgo arqueológico actúa como una alerta que despierta los sentidos adormecidos por el hábito. Así ocurrió, por ejemplo, en 2008, cuando unas simples reparaciones revelaron un tesoro oculto, largamente silenciado y sepultado

---

[1] *Palimpsesto* es un manuscrito antiguo que conserva huellas de una escritura anterior borrada artificialmente. En arquitectura, *palimpsesto arquitectónico* se aplica a un edificio o espacio urbano que ha sido modificado y reutilizado a lo largo del tiempo, conservando vestigios de sus etapas constructivas anteriores.

bajo capas de cal y olvido. Como un suspiro del destino, emergió su alma más antigua: media basílica gótico-mudéjar intacta, esplendorosa.

Efectivamente, la basílica gótico-mudéjar que hoy contemplamos salió a la luz hace apenas unos años, de manera casi fortuita, tras haber permanecido oculta durante siglos bajo una apariencia discreta y anodina que en nada hacía sospechar el tesoro arquitectónico que albergaban sus muros. Estos, situados a los pies del templo, habían sido absorbidos por el tiempo y enmascarados por sucesivas capas de cal, tierra y reformas interiores que los relegaron al olvido.

Ya en 1975, con motivo de la finalización de una parte inconclusa de la fachada, se emprendieron algunas obras menores que incluyeron el picado de varias columnas. Fue entonces cuando salieron a la luz dos capiteles cuya morfología los convirtió en elementos disonantes con el conjunto renacentista predominante, aunque el hallazgo no pasó de considerarse una mera anécdota arquitectónica. No sería hasta el año 2008 cuando, durante unas reparaciones puntuales, nuevos indicios despertaron el asombro: más capiteles, arcos apuntados y trazas de simetría con aquellos elementos disonantes que empezaban a dibujar la silueta de una construcción mucho más antigua y compleja que la que se visibilizaba hasta ese momento.

Fue el entonces párroco de la localidad, D. Alberto Jaime Martínez Pulido, persona de gran sensibilidad artística y perspicacia histórica, quien supo entrever la magnitud del descubrimiento. Movido por una intuición casi arqueológica, se dispuso a intervenir de manera decidida: ordenó picar toda la parte trasera del templo. Lo que entonces apareció dejó perplejos a propios y extraños: media basílica gótico-mudéjar, de impecable factura, en un estado de conservación excepcional. Su hallazgo no solo revelaba un edificio de extraordinario valor patrimonial, sino que la convertía, sin lugar a dudas, en uno de los mejores exponentes de este estilo arquitectónico en la provincia de Jaén y buena parte de Andalucía. Sorprendentemente, la estructura conservaba de forma íntegra dos cuerpos completos tal como fueron concebidos en su origen.

Junto con los elementos característicos del gótico-mudéjar, el desmontaje también dejó al descubierto otros restos medievales de gran interés, como un antiguo pozo y una escalera embutida en el muro, piezas que resultaron claves para reinterpretar esa parte del templo, que hasta entonces parecía inconexa con la armonía renacentista predominante. Gracias a estos hallazgos, fue posible reconstruir no solo la arquitectura, sino también el relato histórico de los orígenes del edificio religioso.

El estudio detallado de la iglesia nos invita a emprender un apasionante viaje en el tiempo, que nos remonta hasta el siglo XII. A través de sus muros, de sus fases constructivas y de los estilos superpuestos, se despliega ante nosotros la historia viva de la localidad: su evolución cultural, social y económica. Las piedras nos hablan de los avatares de la Reconquista, que propiciaron el levantamiento de un primitivo edificio con funciones religiosas y militares; nos revelan el influjo de la población morisca en la construcción de la basílica gótico-mudéjar; evocan el largo proceso de separación de Andújar, que impulsó la transición hacia una arquitectura de corte gótico; y nos remiten también a los ecos de la conquista de América, cuyo caudal económico favoreció la expansión de grandes construcciones renacentistas, entre ellas la de Villanueva. Así, cada hallazgo se convierte en una lección de historia esculpida en piedra.

Los descubrimientos de 2008 despejaron incógnitas fundamentales que hasta entonces velaban el verdadero recorrido histórico del templo. Solo a partir de esos indicios se pudo iniciar un estudio riguroso que arrojara luz sobre la iglesia que teníamos ante nuestros ojos y que hasta entonces solo habíamos sabido identificar dentro de los márgenes del Renacimiento. Hoy, gracias a esa mirada reveladora, comprendemos que estábamos —y estamos— ante una joya patrimonial de un valor mucho mayor del que jamás hubiéramos imaginado.

Por eso, estos muros, durante muchos años enmascarados por el polvo del olvido, hoy reclaman con dignidad su lugar en la memoria colectiva ante la ciudadanía y ante la Administración. Y lo hacen no solo como monumento, sino como testimonio vivo de ciclos de esplendor y de decadencia, de conquista y de fe, de olvido y de redención. En definitiva, como un espejo donde Villanueva de la Reina puede mirarse y reconocerse a través de las edades del tiempo.

2

Los orígenes: de torre musulmana a espacio sagrado

Para comprender el alma de este templo es necesario retroceder en el tiempo y penetrar en la atmósfera convulsa de la península hacia el año 1000, en el corazón del Imperio musulmán.

El nuevo milenio comenzaba con el desmoronamiento del califato de Córdoba y, con él, la desintegración del poder político y económico y, consecuentemente, un debilitamiento de su poder militar, de tal forma que a mediados de siglo se había invertido la tendencia en la guerra entre musulmanes y cristianos. Si hasta entonces los cristianos habían tenido que luchar para contener las constantes incursiones de los musulmanes, ahora eran los ejércitos cristianos quienes habían tomado la iniciativa y habían pasado a la ofensiva, ejerciendo a partir del siglo XII una fuerte presión sobre las fronteras musulmanas con constantes campañas militares que se adentraron en Andalucía, llegando hasta Córdoba, Sevilla, Cádiz y Almería.

En la primavera de 1155, el rey Alfonso VII inició una campaña por Sierra Morena con el objetivo de conquistar Andújar como punto estratégico en la ruta de Baeza y Almería, que ya habían sido conquistadas. Las tropas del Emperador entraron en los muros de la ciudad en junio y el día 11 de agosto conquistaron definitivamente el castillo de Andújar[2], permaneciendo la ciudad en manos cristianas durante un breve periodo de tiempo, hasta noviembre de 1157, en que vuelve a manos musulmanas.

---

[2] Hernández, Francisco José: *Los cartularios de Toledo. Catálogo documental*. Madrid, 1985. Docs. 107 y 108.

En este tiempo, lo que luego se denominará el lugar de Villanueva de Andúxar no era más que una humilde alquería en pleno corazón del Imperio musulmán, un punto diminuto junto al Guadalquivir, sin pretensiones ni fortificaciones. Sin embargo, con los vaivenes de la guerra, y tras expulsar los almohades a las tropas cristianas, la ciudad de Andújar quedó expuesta en esa tierra de frontera que obligó a toda la comarca a fortificarse para protegerse de las incursiones de las tropas cristianas.

Fue en este escenario de guerras y de fluctuación de fronteras cuando se construyó una fortificación defensiva que protegiese a la pequeña aldea de las idas y venidas de las huestes cristianas. De aquella fortificación, sobre las ruinas de su torreón, emana el germen de este templo, en el que aún queda la impronta de esos muros primitivos, toscos y desiguales por las cicatrices de las batallas, que nos ayudan a leer la épica de una historia escrita en mampostería.

3

La planta

Para desentrañar los secretos de una obra arquitectónica, la planta es el mapa que conduce al corazón de su historia. En este caso, la planimetría realizada en 2009 por el arquitecto técnico de la localidad D. Juan José Gallego Medina (fig. 1), con motivo del descubrimiento de los nuevos elementos que acababan de aflorar durante ese año, se va a convertir en nuestra llave maestra para abrir las puertas del pasado de este templo y comprender la secuencia de las transformaciones que ha vivido a lo largo de los siglos.

A través de la narrativa, muda pero elocuente, que nos ofrece la planta que vemos en la figura 1, vamos a ir reconstruyendo, como quien monta un puzle, las diferentes etapas por las que ha pasado el edificio. Sus trazos nos irán guiando a través de las vicisitudes del tiempo para construir el relato de nuestra historia.

Antes de iniciar el recorrido cronológico, me parece preciso aclarar un elemento singular del plano que puede despertar la atención de algunos, sobre todo de aquellos que conocen el templo: la representación de unas líneas discontinuas a los pies de la construcción que parecen configurar un espacio cerrado. Para evitar un inicio con la aparición de incógnitas que puedan distraer el análisis, adelantamos su significado. Esas líneas discontinuas corresponden a una cimentación que se construyó, que hoy sigue existiendo, pero sobre la que nunca se levantaron los muros que debía acoger. Unos muros que nunca vieron la luz, que descansan bajo tierra, negándose a desaparecer para dar testimonio de una ampliación abortada por unos acontecimientos que, si bien desconocemos, resultaron implacables para condenarlos al ostracismo.

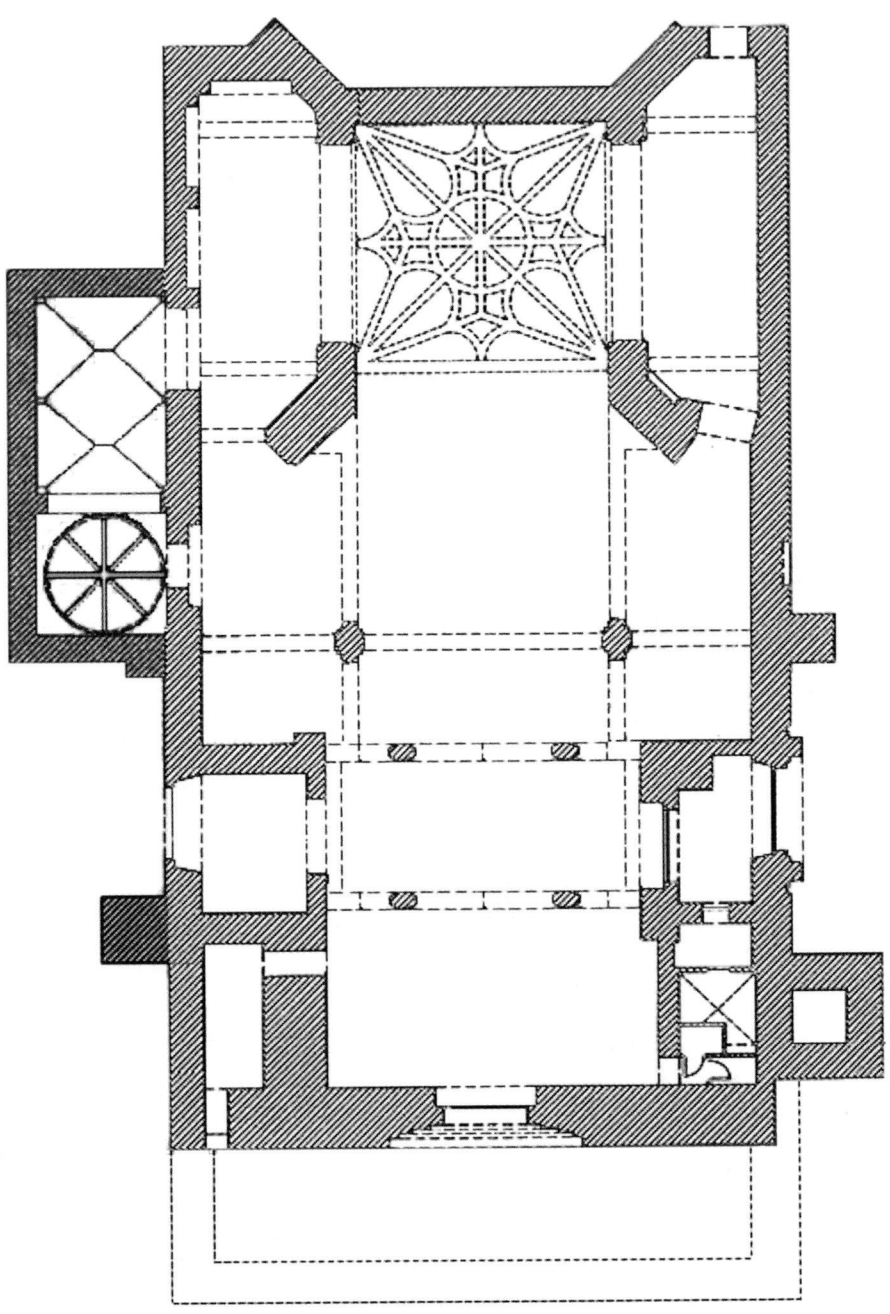

Fig. 1

4

La construcción medieval

EL RASTRO DE UN CASTILLO CON ALMA DE TEMPLO

Cuando iniciamos nuestro primer análisis sobre la planta, llama poderosamente la atención, destacando con nitidez, un conjunto de muros especialmente gruesos, situados a los pies del templo (fig. 2). Si los observamos de cerca, veremos cómo la parte baja de esos muros (fig. 3) tiene una construcción de mampostería, con piedras sin labrar o de labrado muy tosco, dispuestas sin apenas orden de colocación (fig. 4), y que aún podemos apreciar con mayor claridad si observamos el muro antes de su restauración (fig. 5). Esta tipología de muro, que presenta una arquitectura tan ruda y de exagerado grosor, nos indica que es la parte más antigua de la construcción y que pertenece a esa época de arquitectura primigenia donde la altura y la estabilidad de los muros se conseguían a golpe de ensancharlos extraordinariamente. Nos encontramos, como más adelante comprobaremos, ante los restos del torreón de la pequeña fortificación defensiva que los musulmanes levantaron en el siglo XII tras las primeras incursiones de los ejércitos cristianos en al-Ándalus, que constituyen el germen del templo y sobre los que se construirá una nueva fortificación tras la reconquista definitiva de Andújar.

Pero no es solo este muro el que tiene semejantes proporciones. Si seguimos observando la planta con detenimiento, también advertimos que hay, dispersos en torno a la puerta de entrada, otros tramos de muro con piedras sin orden, desiguales, desproporcionadamente anchos, con formas aparentemente caprichosas, amorfos, sin guardar un equilibrio con el conjunto y sin un sentido lógico (fig. 6). Uno de ellos, de forma bastante irregular y con una construcción de mampostería en su parte inferior (figs. 7 y 8), se encuentra al lado derecho de la actual puerta de entrada al templo. Otro, también de morfología extraña e igualmente realizado en mampostería (figs. 9 y 10), se sitúa al lado izquierdo de dicha puerta. Por último, en el lado opuesto a esa puerta existe un pequeño tramo que, como los anteriores, presenta un formato anómalo y levantado con fábrica de mampostería (figs. 11 y 12).

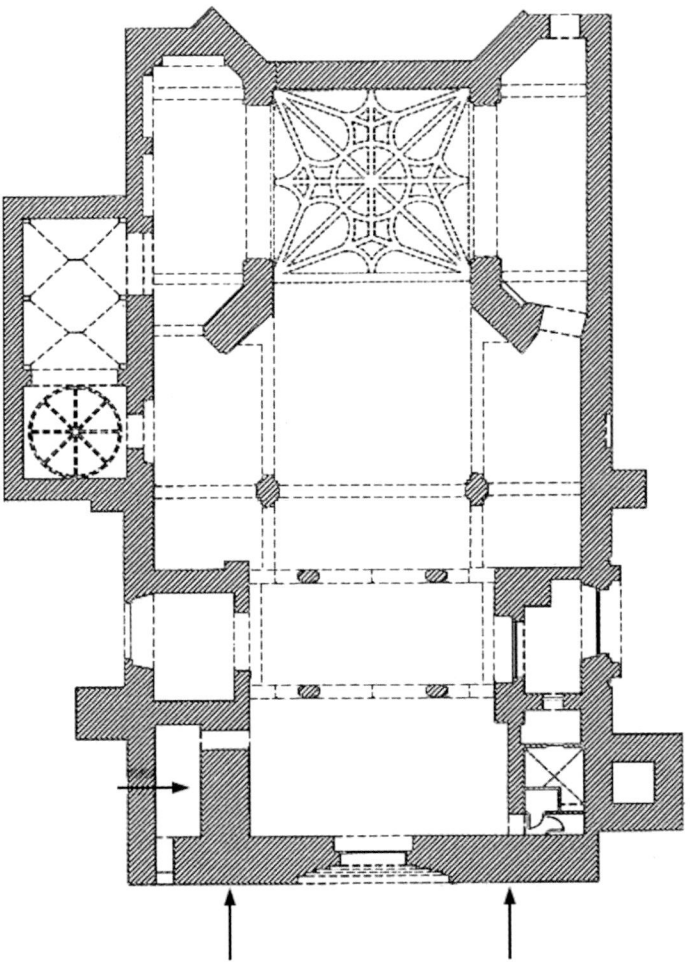

Fig. 2

Fig. 3

Fig. 4

Fig. 5

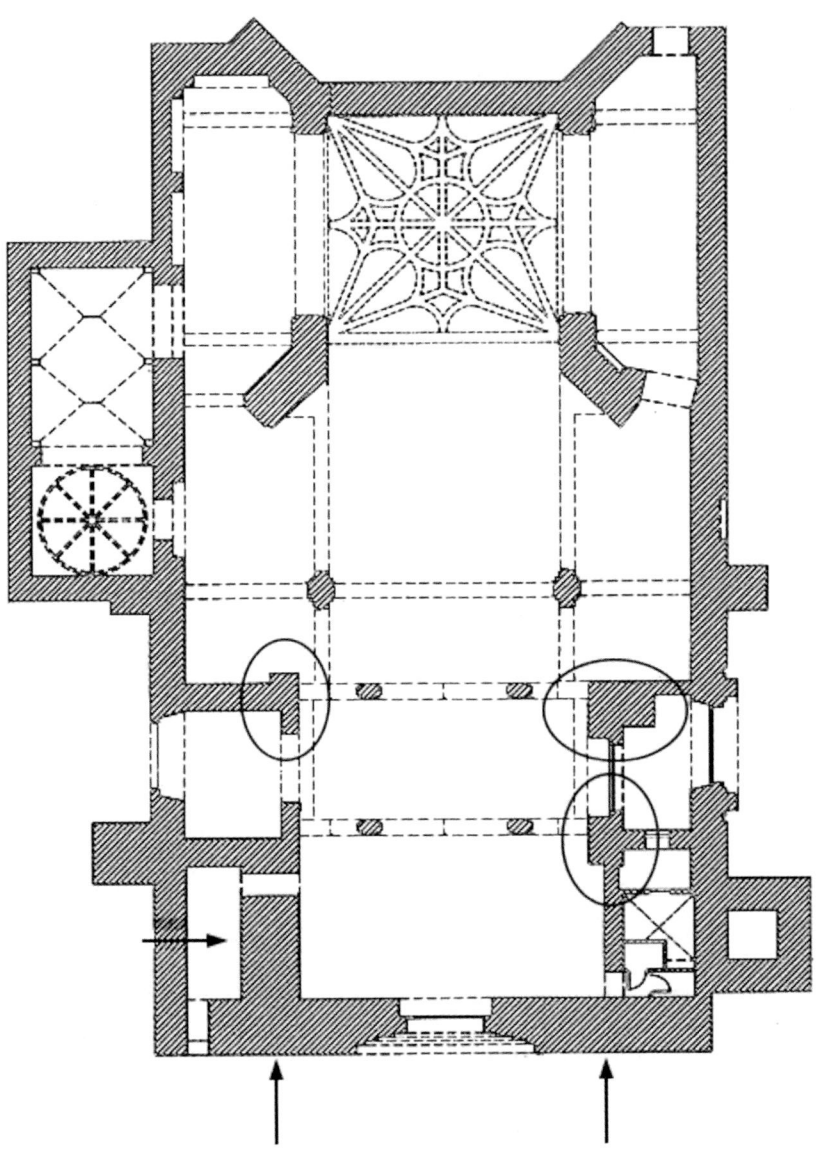

Fig. 6

Fig. 7

Fig. 8

Fig. 9

Fig. 10

Fig. 11

Fig. 12

Para completar el rastro del escenario dejado por la rudimentaria y arcaica mampostería, también debemos fijarnos en el tramo que encontramos al lado izquierdo de la actual puerta de entrada, que, a vista de plano, parece una base de mampostería aislada unida al muro principal por una simple pared delgada, pero en realidad se conecta al muro principal por una ancha base que se extiende a ras de suelo con una altura de unos 60 centímetros aproximadamente, ya que el resto de muro ha desaparecido y sobre esa base se ha construido uno más estrecho de otros materiales (figs. 13 y 14).

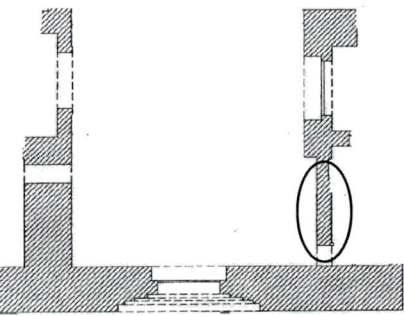

Fig. 13

Fig. 14

En esta figura 13 podemos ver perfectamente, una vez aislados del resto del plano, cuáles son los tramos de muro que se asientan sobre bases de mampostería, la construcción más ruda y tosca del edificio, con un grosor que duplica al resto de los muros del templo, característica esencial en las antiguas construcciones para dar estabilidad a los muros de gran altura. Sería esta, por tanto, señal inequívoca de que corresponden a la parte más antigua de la iglesia, la construcción medieval.

El resultado del espacio que ha quedado configurado nos permite reconstruir el contorno del torreón original que constituye el alma oculta del templo. Es un recinto prácticamente cuadrado, asentado sobre los vestigios de una fortificación de mayor envergadura, como atestigua la continuidad de su muro frontal, y que reconstruimos en la figura 15.

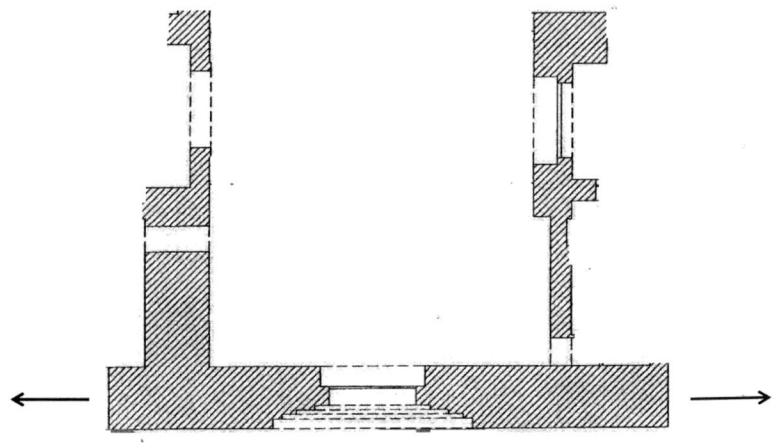

Fig. 15

Y este espacio de mayor envergadura en sus muros al que nos acabamos de referir corresponde, sin lugar a dudas, a una fortificación con carácter defensivo, porque así lo testimonian, por un lado, diferentes elementos constructivos que han perdurado hasta nuestros días y, por otro, diversas referencias históricas que encontramos en muchos autores de diferentes épocas.

Entre los elementos constructivos que han resistido el paso del tiempo, los más reveladores son los restos de un matacán, un tramo de escalera intramuros y un pozo.

Matacán

En el muro oeste, el más robusto, en el que se encontraba la puerta de entrada al torreón y a la fortificación, aún quedan dos ménsulas que son restos de un antiguo matacán desaparecido (figs. 16 y 17). El matacán es un elemento arquitectónico defensivo que desempeñó un papel clave en la arquitectura militar medieval, especialmente en castillos, torres y murallas defensivas, siendo muy útil en fortificaciones de reducida super-ficie expuestas a situaciones de asedio violento. Su empleo se desarrolló fuertemente entre los siglos XII y XIII. Se colocaba frecuentemente sobre portones y entradas, puntos críticos que necesitaban especial protección. Consistía en una estructura voladiza construida en la parte alta de la muralla o de la torre que permitía el control de la vertical, una de las preocupaciones constantes de las fortificaciones medievales para intentar controlar el ángulo muerto a pie de muro (figs. 18 y 19).

Fig. 16

Fig. 17

Fig. 18   *Fig. 19*

Escalera

También perdura, en uno de los rincones de la edificación, sobre el muro oeste, el acceso y un tramo de escalera interior, empotrada en la estructura del muro, que comunicaría con la planta alta del torreón (figs. 20, 21 y 22).

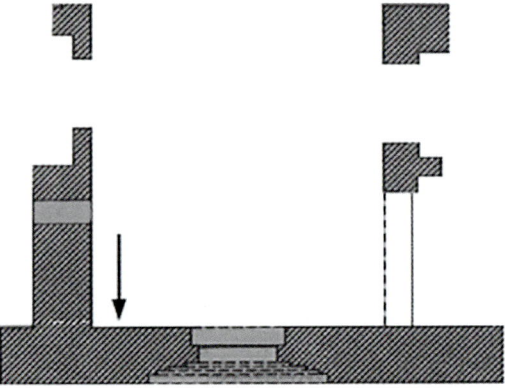

Fig. 20

Fig. 21

Fig. 22

Pozo

Con la reforma de 2008 quedó al descubierto, en uno de los laterales del edificio, un pozo en perfecto estado de conservación. El pozo tenía como función principal aprovisionar de agua potable a la población dentro de la fortificación, especialmente durante un asedio. En situaciones de asedio, el acceso al agua fuera de la fortificación era peligroso y a veces imposible, por lo que, al encontrarse el pozo dentro del torreón, estaba protegido contra los ataques y aseguraba el suministro de agua potable a la guarnición y los residentes. En el interior del pozo se abren dos pequeñas galerías que, por precaución, aún no se han explorado[3]. A menudo, estos pozos se combinaban con pequeños aljibes o cisternas subterráneas para almacenar agua de lluvia que garantizara el suministro en ausencia de precipitaciones. Es probable que esas galerías laterales comunicaran con alguna cisterna de almacenamiento (figs. 23, 24 y 25).

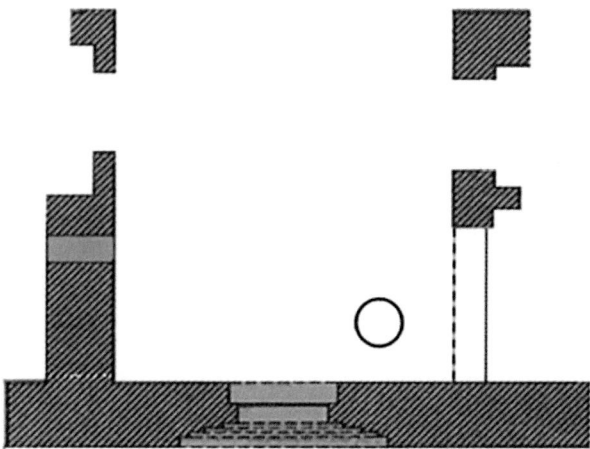

Fig. 23

---

[3] La exploración de las dos galerías del pozo, así como del fondo, extrayendo el agua y limpiando la tierra, sería una operación muy interesante, porque probablemente podría aportarnos interesantísimos datos, instrumentos y objetos de los que a lo largo de los siglos han ido cayendo al fondo del pozo.

Fig. 24

Fig. 25

Este testimonio material de nuestra fortificación también es refrendado de manera concluyente por las fuentes históricas a las que hacía alusión anteriormente. Disponemos principalmente de dos obras en las que encontramos abundantes referencias al castillo o la fortificación defensiva de Villanueva: los *Hechos del condestable don Miguel Lucas de Iranzo* y *Martirio, traslación y milagros de San Eufrasio*, de Antonio Terrones Robles.

En la *Relación de los hechos y actos del muy magnífico e muy virtuoso señor, el señor don Miguel Lucas, muy digno condestable de Castilla* (fig. 26), obra escrita por un contemporáneo del condestable entre los años 1465 y 1470, lo que le da total fiabilidad, se menciona a Villanueva en nueve ocasiones, de las que en dos se hace referencia a su castillo:

> *«Fadrique Manrique, que estava apoderado de Arjona e de todos los castillos e aldeas de Jahén, e aun de Villa Nueva, otro castillo de Andujar…».*
>
> *«Y en este tiempo, estavan los Palominos, vecinos e naturales de la Çibdad de Andujar, en Villa Nueva, un castillo e lugar de la dicha Çibdad de Andújar…».*

Por su parte, Antonio Terrones Robles, un historiador de Andújar del siglo XVII, en su libro *Martirio, traslación y milagros de San Eufrasio*, publicado en 1657 (fig. 27), habla en varias ocasiones del castillo de Villanueva:

> *«En este cerco hizo merced a la ciudad de Andujar de la fuete de la Higuera, y del castillo de Villanueva…».*

> *«El Rey Don Alonso, hijo del Santo Rey don Fernando, le dio a Andujar por merced y previlegio particular los castillos de Villanueva, Marmolejo y la Higuera…».*

Y en otra ocasión hace una precisión importante:

> *«El lugar de Villa-Nueva, aldea de la ciudad de Andujar, era una torre que en tiempo de los moros hicieron orillas del rio de Guadalquivir…».*

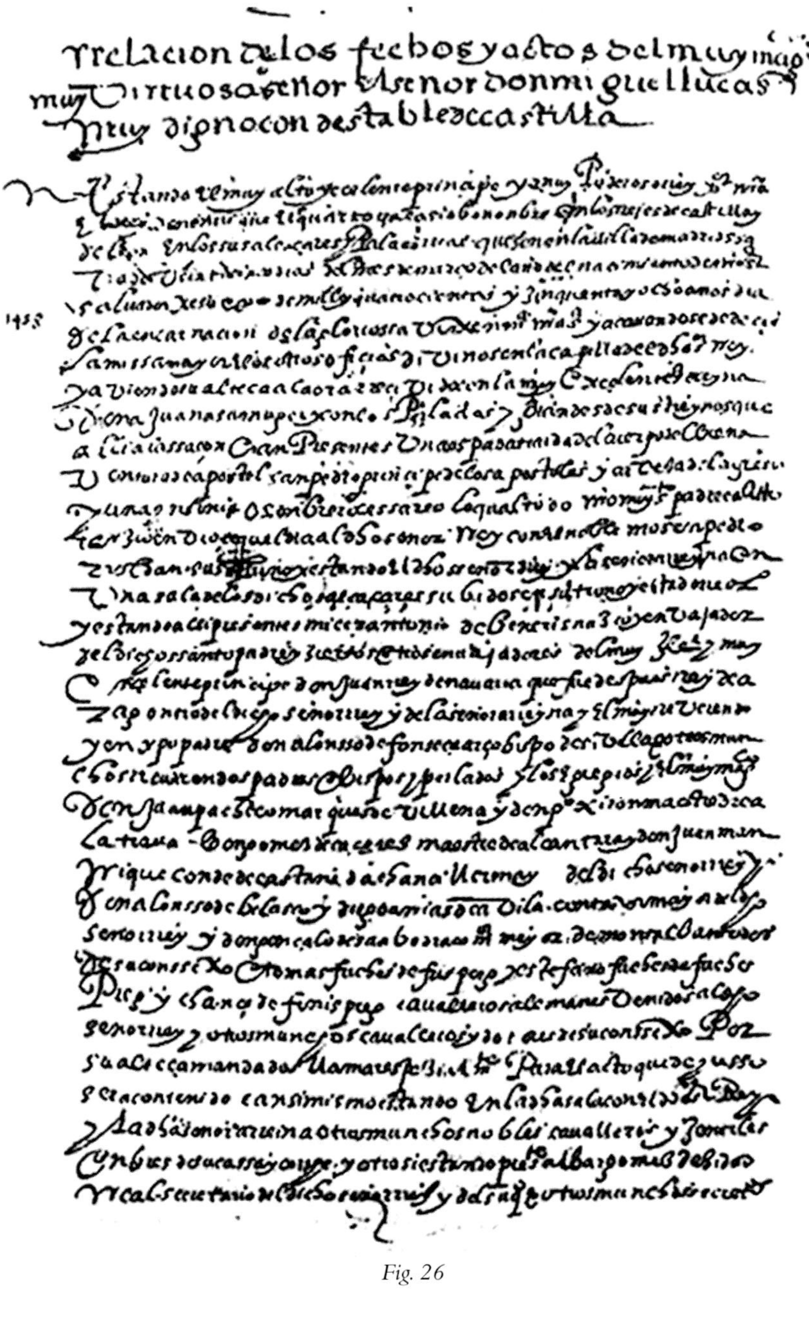

1453

Fig. 26

Fig. 27

Las evidencias constructivas y documentales convergen así en una conclusión inequívoca: en Villanueva de Andúxar, efectivamente, había un castillo o, al menos, una construcción fortificada que, como acabamos de leer, «en tiempo de los moros era una torre». Queda de esta forma contrastado que el recinto rectangular era una torre que formaba parte de una fortificación defensiva de mayores dimensiones a la que las crónicas denominaban castillo.

LOS MUROS, ESAS PÁGINAS DE LA HISTORIA

Hasta aquí hemos estado aportando todos los elementos y referencias disponibles para argumentar y acreditar la existencia de un castillo o construcción fortificada con su torreón en la aldea del lugar de Villanueva de Andúxar. Una vez demostrado este punto, vamos a analizar detenidamente esta parte del castillo que ha llegado hasta nuestros días.

Cuando nos situamos frente al muro oeste, que corresponde a lo que fue la entrada principal del edificio en su época (fig. 28), lo que llama poderosamente la atención es su portada (fig. 29). La primera impresión que transmite nos desconcierta un poco: esta no es la puerta de entrada a una construcción militar. En las construcciones defensivas, la puerta de entrada es siempre mucho más alta, pensada para que se pueda acceder montado a caballo. Además, rara vez la puerta de un castillo presenta elementos decorativos ni ornamentales. Sin embargo, en este caso nos encontramos una portada flanqueada por arquivoltas[4] y enmarcada en un alfiz[5] (fig. 30), un lenguaje arquitectónico propio de los templos religiosos. Efectivamente, al instante la identificamos con una portada de iglesia. Todo en ella —sus pequeñas dimensiones, la sensación de recogimiento, su ornamentación— nos recuerda una de esas portadas que se conservan en tantos edificios religiosos de la época.

---

[4] *Arquivolta:* conjunto de arcos concéntricos que componen una portada abocinada.
[5] *Alfiz:* recuadro o marco que rodea a un arco. Es un elemento arquitectónico de origen árabe.

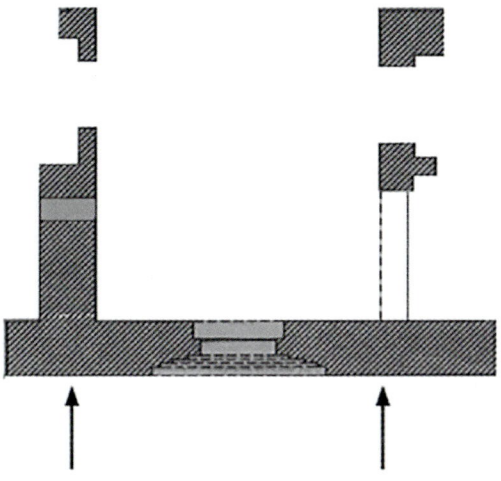

Fig. 28

Fig. 29

Fig. 30

Además, encontramos otros elementos que llaman la atención. Uno de ellos es la heterogeneidad de los muros. Si los observamos bien, nos daremos cuenta de que se utilizan materiales muy diferentes dentro de un mismo lienzo, lo que nos revela una superposición de técnicas y materiales constructivos de distintas épocas. La parte exterior del muro combina cuatro tipos de materiales diferentes:

- Mampostería, que ya habíamos visto anteriormente, formada por piedras irregulares, sin labrado preciso, utilizadas en la base y parte inferior del muro, típica de épocas más antiguas (fig. 31).
- Sillarejo, muro de piedra pequeña con labrado de cantería poco fino y dispuesta en cierto orden, muy utilizado en época medieval (fig. 32).
- Sillería, con bloques de piedra perfectamente labrados y en los que suelen aparece las marcas de cantero[6] (figs. 33 y 34).
- Ladrillo, sobre el que descansa el arco de la puerta (fig. 35).

Fig. 31

Fig. 32

---

[6] Las marcas de cantero son signos o «firmas» grabados en los sillares de piedra de los templos por los canteros y maestros de obra. Tenían varias funciones: identificaban al cantero o al taller que había realizado la obra, controlaban las piedras labradas para cobrar el trabajo, podían marcar la orientación de piedras concretas…

Fig. 33

Fig_34.tif

Fig. 35

En la parte interior de este mismo muro (fig. 36) solo aparece la mampostería (fig. 37) en la base y el resto del paramento está construido en sillarejo (fig. 38). Se ha suprimido la sillería, que se utilizó solo en el exterior para ennoblecer la portada.

Fig. 36

Fig. 37   *Fig. 38*

En cuanto a los muros laterales, meridional y septentrional de la edificación, repiten el patrón del interior del muro principal de la portada, con mampostería en la base y sillarejo en el resto del muro, dándole así uniformidad al interior del recinto.

La historia: leyendo el lienzo

Tras analizar la composición de los muros de nuestro castillo, vemos que, como apuntábamos al principio, estos actúan como un auténtico «palimpsesto arquitectónico», donde cada material se ha ido colocando sobre las huellas del anterior y donde cada lienzo nos puede ir narrando una página de la historia sobre otra anterior. A partir de estos lienzos del muro vamos a ir reconstruyendo las diferentes secuencias históricas que se han ido escribiendo sobre ellos, situando cada una en su marco temporal.

Terrones Robles, en una de las citas que hace de Villanueva, dice:

> *«… el lugar de Villa-Nueua, aldea de la ciudad de Andujar, era vna torre q en tiempo de Moros hizieron orillas del rio de Guadalquiuir, hazia la parte de la campiña y de Jaen para que alli tuuiessen centinelas, para dar auiso co ahumadas a las demas Torres, y a Jaen, de cómo entraua Christianos por la parte de Andujar, y Sierra Morena…»* (fig. 39).

> El lugar de Villa-Nueua aldea de la ciudad de Andujar, era vna torre q̃ en tiempo de Moros hizieron orillas del rio de Guadalquiuir, hàzia la parte de la campiña y Iaen, para que alli tuuieſſen centinelas, para dar auiſo cõ ahumadas alos demas Torres, y a Iaen, de como entrauã Chriſtianos por la parte de Andujar, y Sierra Morena,

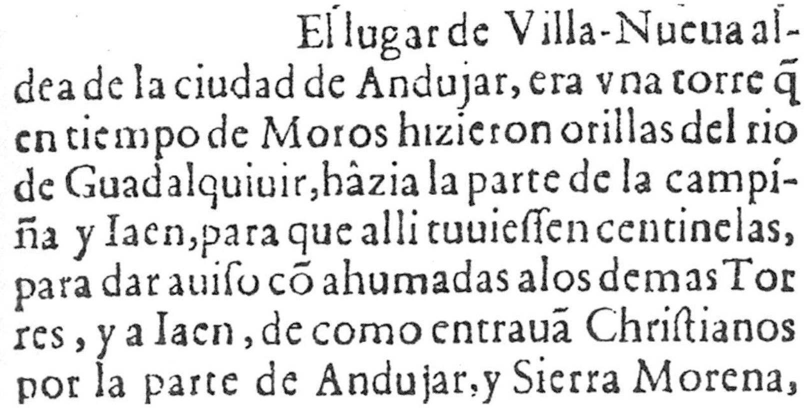

Fig. 39

El lienzo de mampostería que hemos visto en la base del muro exterior de entrada correspondería a la «torre que en tiempo de moros hicieron» a la que se refiere Terrones Robles. Serían los restos de aquella torre, sobre los que se construye el torreón que nos ocupa.

A mediados del siglo XII, como ya habíamos visto, comienza la presión de los cristianos sobre Andalucía, con las primeras incursiones de sus ejércitos en al-Ándalus, llegando Alfonso VII a conquistar la ciudad de Andújar en 1155, manteniéndola hasta 1157, cuando vuelve a manos musulmanas.

Tras la retirada de los ejércitos cristianos, los «moros» construyen pequeñas fortificaciones dominadas por un torreón o pequeñas atalayas a lo largo de la franja fronteriza desde donde poder dar avisos a las otras poblaciones en caso de nuevas incursiones enemigas. Nuestra fortificación, con su torreón, formaría parte de esa red defensiva y cumpliría precisamente ese cometido.

Después de la definitiva reconquista de Andújar y su territorio, en 1224, y como nos cuenta Terrones Robles en la obra anteriormente citada, Villanueva pasa a la jurisdicción de Andújar y se conceden tierras junto a la aldea a todo aquel que se quiera asentar en ellas (dato que más adelante documentaremos). Los nuevos pobladores, en años inmediatamente posteriores, reedifican la construcción sobre las ruinas del torreón con mano de obra mudéjar, manteniendo el carácter defensivo de la misma, pero asignando en la parte baja del torreón un espacio dedicado al culto, que no tiene vista desde el exterior. Sobre sus derruidos muros colocan la portada de acceso que hoy contemplamos. La base se elabora en ladrillo, porque en la construcción se utiliza como mano de obra a los mudéjares, musulmanes que no abandonaron el territorio y se quedaron a vivir con los vencedores a cambio de un tributo. A estos mudéjares los utilizaban frecuentemente como mano de obra, adoptando en ocasiones su costumbre tradicional de emplear el ladrillo, un material más pobre, pero también más barato. Sobre esta base de ladrillo asientan una robusta arcada con material más noble, bloque de piedra de sillería perfectamente tallada, cuya nobleza material será la que confiera al edificio el sutil pero inequívoco rasgo de lugar de culto. Este acoplamiento de la portada sobre los restos de un deteriorado muro anterior de ruda mampostería puede observarse con bastante claridad en las figuras 40 y 41. En ellas se aprecia con nitidez cómo los bloques de sillería, cuidadosamente labrados, se asientan sobre los escalonamientos irregulares que va dejando el viejo muro de mampostería semiderruida. He rescatado estas fotografías, tomadas antes de la reforma de 2009, porque, al no haberse iniciado aún el llagueado de las juntas, permiten ver con mayor precisión las profundas grietas de las toscas piedras originales del antiguo muro, en fuerte contraste con la cuidada elaboración de la sillería posterior utilizada en la portada.

Fig. 40

Fig. 41

De este modo, la portada no solo indicaba el acceso a una estructura defensiva, sino que también transmitía un mensaje claro a la población: se estaba ingresando a un recinto consagrado al culto.

Esta portada responde al modelo característico de los primeros tiempos de la Reconquista en Andalucía. Estamos en los albores del siglo XIII, cuando el románico va cediendo paso al gótico. Presenta las características esenciales del estilo románico: una puerta de reducidas dimensiones y escasa altura, flanqueada por muros de gran grosor y enmarcada por un abocinamiento resuelto mediante triple arquivolta que atenúa la sensación de túnel. Únicamente un arco ligeramente apuntado rompe esa pureza románica, detalle que revela que nos encontramos en una etapa de transición al gótico (fig. 42). Además, el arco de cantería se encuentra enmarcado por un alfiz y descansa sobre una imposta[7] de ladrillo, elementos característicos de los mudéjares que quedaron en territorio cristiano tras la Reconquista, de los que hablaremos más adelante. Otro dato más que nos confirma que su construcción se realizó tras los primeros pasos de la conquista de estas tierras por los cristianos.

Como vemos, nos encontramos, efectivamente, ante un ejemplo de románico en transición al gótico, por lo que su construcción no puede situarse más allá de mediados del siglo XIII. Podríamos datarla entre 1224, fecha de la reconquista de Andújar, y 1250 como máximo. La provincia de Jaén es, de hecho, uno de los últimos territorios peninsulares en los que aún se conservan testimonios de arquitectura románica (tenemos un ejemplo notable en la iglesia de la Santa Cruz de Baeza), porque cuando la Reconquista avanza hacia el sur de la península la arquitectura gótica ya domina las nuevas construcciones. En este sentido, Villanueva puede considerarse afortunada por conservar una de las escasas muestras de románico tardío que subsisten en Andalucía.

---

[7] *Imposta:* hilada de sillares algo voladiza, a veces con moldura, sobre la cual va asentado un arco.

Fig. 42

Por encima de esta portada románica, que, como hemos visto, puede datarse en torno a mediados del siglo XIII, aparece un aparejo diferente compuesto por una piedra de tonalidad muy oscura. En este nivel superior se conservan además dos ménsulas, que son restos de un antiguo matacán, como ya habíamos visto (figs. 43 y 44). Estos elementos, claramente, no pertenecen a la misma fase constructiva que la portada. El matacán, como elemento defensivo, no se introduce en la arquitectura militar de la península hasta bien entrado el siglo XIV. La defensa de la vertical y el ángulo muerto fue siempre una preocupación constante en la ingeniería de las fortificaciones medievales, que a lo largo de los siglos se intentó resolver, según la época, mediante estructuras como el cadalso, primero, o después la ladronera. El último que aparece es el matacán, que hace su aparición en España ya metidos en el siglo XIV.

Fig. 43

Fig. 44

La fortaleza

Poco a poco, hemos ido desvelando cómo unos pequeños tramos de muro de mampostería aparentemente dispersos formaban en realidad una pequeña construcción cuadrada, que no era otra cosa que un torreón que ejercía también las funciones de espacio de culto y formaba parte de una fortificación defensiva de mayor envergadura, de un castillo levantado a mediados del siglo XIII, tras la reconquista definitiva de estas tierras al Imperio musulmán.

La siguiente cuestión que enseguida nos planteamos parece evidente: ¿cómo era esa construcción y qué forma y dimensiones tenía? La respuesta a estas preguntas realmente la desconocemos. No disponemos, lamentablemente, de respuestas precisas que nos aporten una visión clara de lo que había. Las fuentes de consulta que tenemos son algo ambiguas. Unas fuentes nos hablan de castillo; otras, solo de torreón, y ninguna precisa su forma. Sí parece claro que solo torreón no podía ser. La fortificación no se podía limitar únicamente al perímetro cuadrado que hoy podemos contemplar; en primer lugar porque sus dimensiones serían insuficientes para albergar guarnición o refugio significativo y, en segundo lugar, porque, como observamos en algunas de las figuras analizadas anteriormente, el muro principal se prolonga hacia ambos lados como continuación de una construcción más grande (fig. 45). Lo que desconocemos es hasta dónde llegaba esa prolongación.

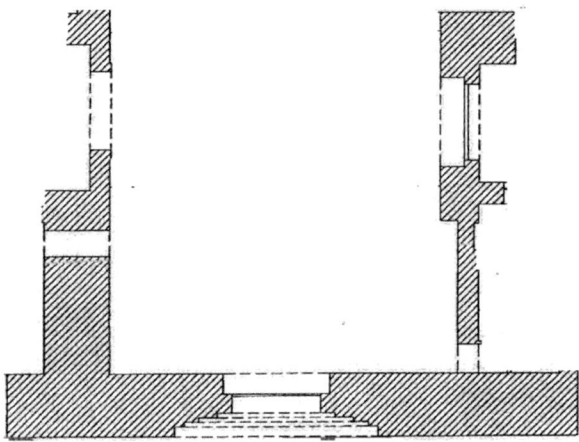

Fig. 45

No obstante, en esta bruma histórica contamos con una figura clave de nuestra historia local, D. Martín Ximena Jurado, ilustre paisano, que nos legó un manuscrito extraordinario titulado *Antigüedades del reino de Jaén,* que no llegó a ser editado y que se conserva en la Biblioteca Nacional como «Manuscrito 1.180», en el que no vamos a descubrir exactamente la forma del castillo, pero sí nos va a contar cómo eran todos los castillos que había en la comarca. Ximena Jurado, en su manuscrito, nos ha dejado dibujadas casi todas las fortificaciones que existían en esta zona de la provincia, incluso algunas que ya cita como desaparecidas, con abundancia de datos de cada una de ellas. Sin embargo, incomprensiblemente, cuando llegamos a la página de Villanueva, la de su pueblo natal, el folio aparece vacío. Así, la que debía ser nuestra mejor fuente directa de la época, ¡paradoja cruel!, nos deja sin datos.

Ante este vacío documental, solo nos queda establecer paralelismos con las demás fortificaciones descritas por Ximena Jurado para intentar hacernos una idea, siquiera de forma aproximada, de cómo pudo ser la fortificación o el castillo de Villanueva.

Don Martín dibuja, describe y detalla las siguientes fortificaciones:

1. Cotufres, cerca de Arjona (fig. 46).

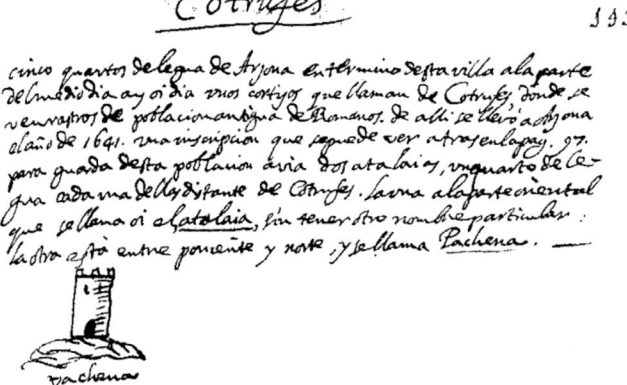

Fig. 46

2. Benzalá, entre Martos y Arjona (fig. 47).

Fig. 47

49

3. Aragonesa o Bretaña, cerca de San Julián (fig. 48).

Aragonesa, o Bretaña. 133

este castillo del Aragonesa, o Bretaña está junto al mismo Río guadalquivir en su ser meridional, tendrá cien pasos de andaduría de quadro. dista dos quartos y medio de legua de Marmolejo, y de Andujar casi dos leguas —

guadalquiadr.

Fig. 48

4. Fuerte del Rey (fig. 49).

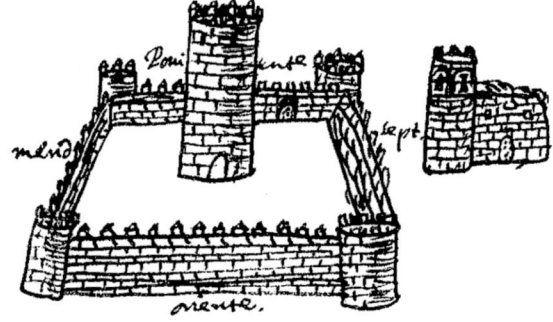

Fig. 49

5. Marmolejo (fig. 50).

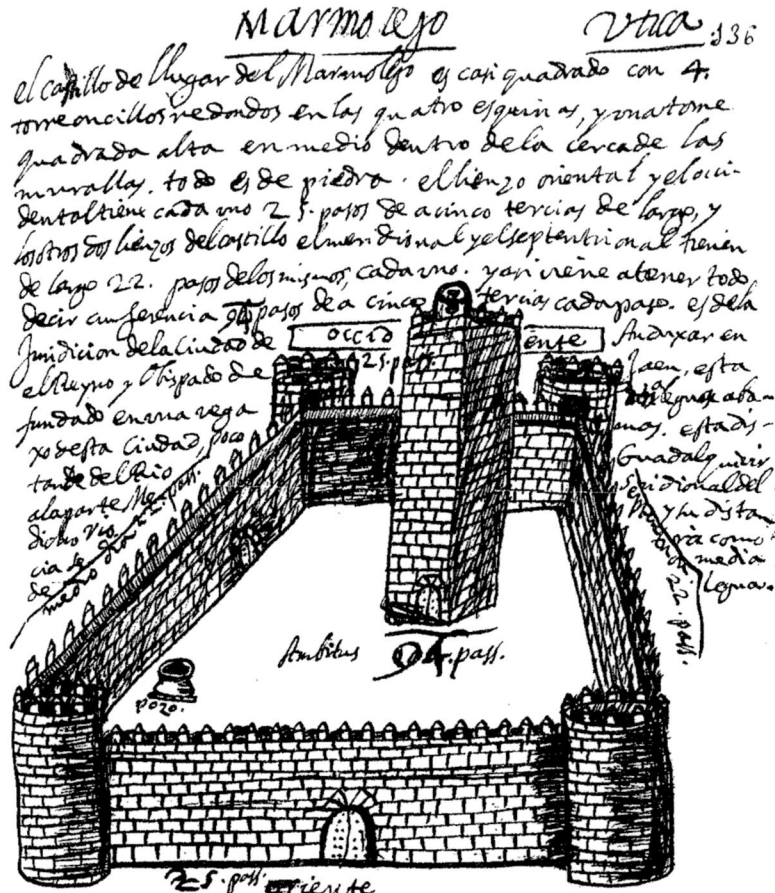

Fig. 50

6. Villanueva de Andúxar.

Aunque el autor reserva una página para el castillo de Villanueva de Andúxar, como podemos comprobar y por causas que desconocemos, inexplicablemente la página quedó en blanco (fig. 51).

Fig. 51

Si seguimos una analogía con las fortalezas vecinas documentadas por Ximena Jurado, podemos suponer que nuestro castillo fue de dimensiones modestas, ligeramente mayor que el solar que hoy ocupa la iglesia. Su extensión estaría condicionada por las propias limitaciones del entorno: por un lado el río y por el otro el camino del Arrecife. El torreón, ejerciendo de torre del homenaje, sobresalía predominante sobre el conjunto, al modo de lo que Ximena Jurado describe para Marmolejo, aunque en nuestro caso adosado directamente al muro.

Según D. Martín, la fortaleza de Marmolejo medía 22 x 25 pasos de a 5/3, lo que estimamos que equivaldría a unas dimensiones de 30 x 35 metros aproximadamente[8]. Nuestra fortaleza debió de ser similar a esta en proporciones. Además, en ambos casos el torreón desempeñaba también un papel religioso, como claramente indica la campana que Ximena Jurado dibuja en las almenas de la torre marmolejeña, símbolo inequívoco de la presencia de un lugar de culto (fig. 52), y como el propio autor deja expresado en el texto redactado bajo el dibujo.

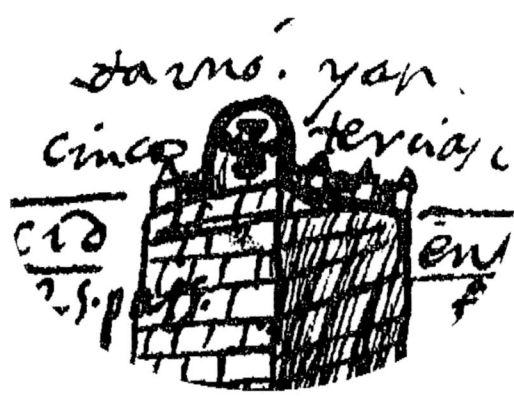

Fig. 52

---

[8]   En esta época existía un auténtico desconcierto con las unidades de medida en todo el territorio español, variando las equivalencias según la zona o la provincia. La más extendida en medidas cortas era la vara castellana, que tomaba como patrón la vara de Burgos, declarada oficial por Felipe II en la pragmática de 1568, que equivale a 0,83 metros. También se medía en pasos para las medidas ordinarias. El paso ordinario eran dos pies y medio y equivalía a unos 0,70 metros, pero cuando se habla de «paso de a 5/3» se refiere a 5/3 de vara, lo que equivale a 1,39 metros y es denominado paso geométrico, que es el que Ximena Jurado utiliza en este caso.

EL TEMPLO GÓTICO-MUDÉJAR: LA DANZA DE DOS MUNDOS

Los ejércitos cristianos reconquistaron estas tierras y expulsaron a los musulmanes de ellas, pero los ecos del islam no desaparecieron de la noche a la mañana. Aunque los musulmanes fueron vencidos, a muchos de ellos se les permitió seguir viviendo entre los vencedores a cambio de un tributo. Son los mudéjares.

Etimológicamente, el término *mudéjar* proviene de la palabra árabe *mudayyan,* que significa «aquel a quien ha sido permitido quedarse», en alusión a los musulmanes que permanecieron en tierras cristianas tras la Reconquista, conservando una serie de derechos —como sus propiedades, su lengua, su religión, sus hábitos, etc.— que se reconocían a través de las capitulaciones cuando se conquistaba un territorio.

Sin embargo, no fue hasta finales del siglo XV cuando la palabra *mudéjar* comenzó a utilizarse con precisión para definir a este grupo social. Hasta esa fecha existía una realidad social para la que no había un vocablo preciso que la definiera. La población en general utilizaba términos imprecisos, como el genérico de *moros* u otros como *moros del rey, moros de paz, moros sometidos, sarracenos…*

A finales de ese siglo comenzó a utilizarse la denominación de *mudéjares,* un vocablo que en realidad venía a ser un eufemismo con el que se pretendía suavizar la crudeza del lenguaje mucho más duro empleado hasta ese momento por el pueblo, toda vez que la convivencia se hacía cada día más necesaria.

La conquista del Guadalquivir en el siglo XIII dejó núcleos dispersos de población mudéjar en las tierras conquistadas. Dependiendo del sistema de incorporación de las poblaciones, estos núcleos podían ser más números o escasos. Si era por rendición de la ciudad, traía consigo la expulsión casi generalizada de la población musulmana y su presencia quedaba reducida a un número bastante testimonial. En cambio, si era mediante capitulaciones pactadas, los musulmanes de la comarca permanecían en sus lugares, conservaban sus propiedades y tierras a cambio de un tributo y se organizaban en aljamas, núcleos rurales o barrios en la ciudad ocupados exclusivamente por ellos. Esto supuso la organización, en principio, de grandes espacios dominados por una mayoría mudéjar y donde los cristianos eran aún minoría. En el reino de Jaén encontramos documentadas en los primeros momentos las aljamas de Cabra del Santo Cristo, Santisteban del Puerto, Porcuna, Alcaudete, Albendín, Baeza, Quesada y Andújar.

Estas comunidades de mudéjares se dedicaron a la agricultura y a los oficios artesanales, principalmente a la construcción, donde eran muy valorados los albañiles y alarifes[9]. Conformaban, por tanto, el grueso de la población que sostenía la vida social y económica de grandes comarcas.

Pero, tras la llegada al trono de Alfonso X el Sabio, se produjo un endurecimiento de las normas de convivencia, lo que provocó una fuerte emigración de mudéjares hacia el reino nazarí. Esta presión acabó originando en la primavera de 1264 una importante sublevación en Andalucía, duramente reprimida por las tropas cristianas, que expulsaron de muchas ciudades a buena parte de la población mudéjar, que quedó muy mermada.

A partir de entonces los mudéjares se convirtieron en una minoría dispersa, agrupada en pequeños núcleos, y los alarifes trabajaban como artesanos itinerantes, que se desplazaban allí donde los contrataban, lo que difícilmente los pudo convertir en la mano de obra que ejecutó toda la arquitectura del arte mudéjar en Andalucía.

Con esto queremos matizar una idea muy extendida. Cuando hablamos de arte mudéjar no podemos circunscribirnos solamente a la idea de una manifestación artística realizada exclusivamente por mudéjares bajo los cánones cristianos. En Andalucía no guarda relación la escasa población mudéjar que permanece, sobre todo tras las expulsiones de 1264, con la magnitud y calidad de la arquitectura mudéjar andaluza.

El mudéjar no es solo un fenómeno artístico, sino que se trata de un fenómeno cultural, totalmente ligado al proceso de reconquista y repoblación de al-Ándalus por los reinos cristianos. Es la forma de expresarse de una sociedad basada en la tolerancia y la coexistencia

---

[9]   *Alarife:* arquitecto y maestro de obras de albañilería en el mundo musulmán.

de dos culturas y dos religiones, que sobrevivió incluso más allá de la expulsión de los moriscos[10], en obras realizadas ya íntegramente por cristianos que habían asimilado las técnicas y formas del vencido.

Esta expresión cultural tuvo un rápido arraigo en territorio andaluz por diversos factores. Por un lado, los factores económicos fueron muy importantes en una época de crisis marcada por la guerra. El precio de los materiales que empleaban los musulmanes era infinitamente inferior al de los que se usaban en el mundo cristiano. Unos utilizaban el ladrillo, el barro cocido, la madera o el yeso, frente al material de piedra de cantería que empleaban el románico y el gótico. Y, por otro lado, también suponían una gran rapidez en la ejecución de la obra, además con la garantía de emplear una mano de obra especializada como eran los alarifes. Ambos factores de carácter económico ya se hacían muy atractivos para darles una buena acogida a las técnicas musulmanas, pero también influyeron otros elementos, como una cierta fascinación por lo musulmán: la minoría mudéjar es aceptada por la sociedad cristiana dada su alta especialización en las técnicas constructivas, más prácticas y rápidas; sus formas estéticas se incorporan a la sociedad andaluza; sus edificios más singulares son reutilizados y sirven de referente a los constructores cristianos. Todo esto podríamos decir que supuso casi una parcial rendición cultural ante el vencido, que consolidó la implantación del mudéjar en Andalucía.

En el ámbito artístico, el término *mudéjar* lo empleó por primera vez José Amador de los Ríos en 1859 para clasificar este tipo de arte como «una manifestación artística en la que existe un intercambio mutuo de elementos cristianos y musulmanes». Es el arte más representativo de la cultura hispánica medieval, porque es el único estilo artístico exclusivamente español. Es el único que, debido a las circunstancias históricas, surge y se desarrolla íntegramente en España.

---

[10]   En 1502 la Corona de Castilla, bajo el trono de Isabel I, decretó la conversión de todos los mudéjares al cristianismo de forma obligatoria, por lo que pasaron a adquirir la condición de moriscos, que eran los musulmanes que se habían convertido al cristianismo, ya fuese de forma voluntaria o forzosamente.

Como sentenció Menéndez Pelayo, «es el único tipo de construcción peculiarmente español del que podemos envanecernos».

Al ser el mudéjar un arte ineludiblemente ligado al proceso de reconquista, el término no tiene las mismas matizaciones en toda la península. En la mitad norte lo conocemos como románico-mudéjar porque en las fechas en las que se desarrolla el proceso de reconquista las formas musulmanas se fusionan con las del románico, que impera en ese momento. En cambio, en la mitad sur se desarrolla el gótico-mudéjar a partir del siglo XIII con la combinación de elementos de los dos estilos.

La Reconquista abre las puertas de Andalucía oficialmente en 1212 con la batalla de las Navas de Tolosa. Continuarán después las conquistas de Andújar, Baeza, Córdoba, Jaén… De esta forma comienza el proceso de construcción del mudejarismo y el arte gótico-mudéjar en Andalucía. El alma gótica que inspira la espiritualidad cristiana comienza a entrelazarse con la herencia islámica en un proceso que se inicia en el siglo XIII y perdurará hasta finales del siglo XVI e incluso los inicios del siglo XVII.

La fase inmediata a la conquista cristiana y hasta 1350 aproximadamente se caracteriza por el predominio de las construcciones esencialmente góticas, o en franca transición del románico al gótico —como es el caso de Villanueva—, y con escasos elementos de influencia islámica. En los primeros momentos los cristianos construyen según los modelos occidentales que conocen, pero rápida y progresivamente irán incorporando la estética del vencido. Es a partir de mediados del siglo XIV cuando ya se ha consolidado el poder político cristiano en el proceso de conquista y, superada la rebelión mudéjar de 1264, cuando se desarrolla plenamente el estilo mudéjar como síntesis cultural y se va consiguiendo paulatinamente una perfecta combinación de las técnicas islámicas de construcción con la funcionalidad del gótico. Se consolida un estilo de formas sobrias en las que se funden los elementos del gótico, sobre todo elementos estructurales como el arco apuntado y la bóveda de crucería para soportar la cubierta, con el estilo almohade, donde el artesano islámico sigue utilizando sus técnicas y materiales modestos con decoraciones simples.

Es en esta fecha cuando ubicamos cronológicamente la iglesia gótico-mudéjar de Villanueva por el grado de consolidación que encontramos ya en el mestizaje de estilos, tanto en la depurada técnica islámica de construcción que encontramos como en el avanzado grado que se aprecia de los elementos funcionales del gótico.

En Villanueva, a mediados del siglo XIV, los muros de un austero torreón ya no son suficientes para albergar el lugar de culto que necesita la población. Se inicia entonces una reforma que transformará la propia fortaleza. El antiguo torreón se abre por su costado oriental para dar vida a un templo. Se alarga, prolongan el espacio, se transforma y se convierte en templo de planta basilical[11]. Este tipo de planta es uno de los elementos estructurales que impone el gótico y lo encontramos en la mayoría de las iglesias mudéjares (figs. 53 y 54). Nuestra iglesia reproduce de forma precisa este esquema típico del estilo, como ahora veremos.

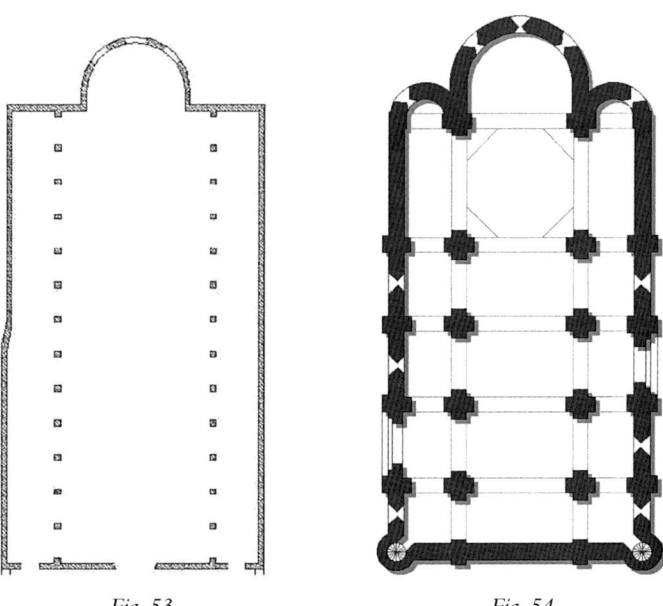

Fig. 53   Fig. 54

---

[11] *Planta basilical:* planta alargada y rectangular, con una nave central y al menos dos laterales. La nave central es más ancha y más alta que las laterales. Están separadas por filas de columnas o pilares que sostienen arcos y suelen rematarse con al menos un ábside en la cabecera. Tiene su origen en las basílicas romanas y será adoptada por la arquitectura paleocristiana.

La nueva iglesia es de pequeñas proporciones, de formas sobrias y modestas que ofrecen la belleza de la sencillez, como es común en el mudéjar andaluz de esta época. Su espacio configura una clásica planta basilical, organizada en tres naves, que necesariamente debió estar rematada al menos por un ábside, como era habitual en este tipo de construcción. Es la estructura más común en el mudéjar, evidentemente heredada de las primeras construcciones góticas tras la conquista cristiana. Actualmente, de la basílica se conservan dos tramos (fig. 55) y se prolongaría con otros dos rematados por un ábside (fig. 56). El ábside no se conserva porque fue sustituido por la bóveda gótica actual, como veremos más adelante, y los dos tramos que faltan también fueron demolidos en la transformación renacentista, como también analizaremos.

En el tramo que sí se conserva encontramos tres naves, de doble rango la central, que destaca ostensiblemente en altura y anchura sobre las naves laterales (fig. 57). Están separadas por pilares cruciformes (figs. 58 y 59) rematados por capiteles de tosca decoración vegetal y geométrica (figs. 60 y 61) sobre los que descansan arcos apuntados con rosca de ladrillo que definen muy bien el estilo gótico y sobre los que se asientan los muros de fábrica mixta de piedra y ladrillo (fig. 62). La obra la culmina una cubierta de madera con armadura de par e hilera (fig. 63).

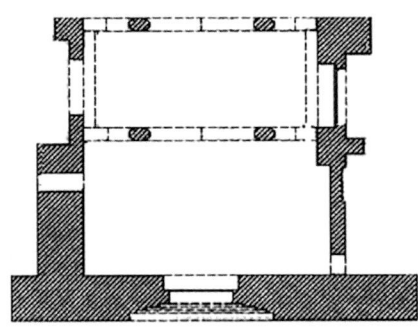

Fig. 55

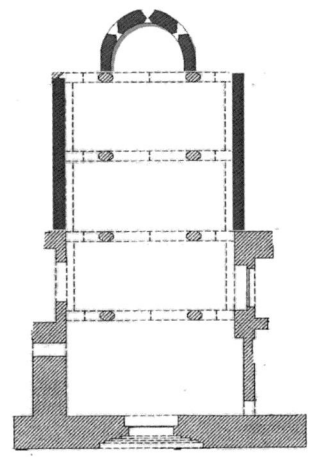

Fig. 56

Fig. 57

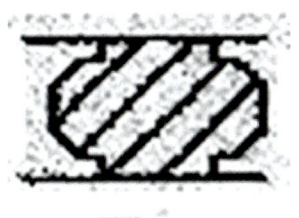

Fig. 59

Fig. 58

Fig. 60

Fig. 61

Fig. 62

Fig. 63

El conjunto de elementos arquitectónicos que acabamos de describir y que conforman la estructura de la iglesia de Villanueva la define como un ejemplo paradigmático del gótico-mudéjar andaluz, pues condensa las señas de identidad esenciales que caracterizan a este estilo en cuanto a materiales, elementos sustentantes, decoración y cubierta.

Los materiales que se utilizan en nuestra iglesia, de inexcusable presencia, son la esencia del arte mudéjar: el ladrillo y la madera. La construcción mudéjar es una arquitectura de albañilería, a diferencia de la cantería que utilizan el románico y el gótico. También empleaban mucho el yeso y la cerámica vidriada, sobre todo la yesería de ataurique[12], los azulejos de lacería geométrica y revestimientos pictóricos, elementos que no encontramos aquí por el carácter de construcción modesta y de recursos limitados.

En cuanto a los elementos sustentantes de este estilo, el ladrillo es el protagonista tanto en los muros como en los soportes; un material, como ya hemos apuntado anteriormente, mucho más barato que la cantería y mucho más rápido en el proceso de construcción. No obstante, a medida que se van optimizando los recursos y se va consolidando el gótico, también se va introduciendo la cantería. Este es el caso de nuestra construcción, donde unos arcos ojivales muy bien definidos con rosca de ladrillo, que muestran un perfecto estilo gótico, recogen los muros de fábrica mixta de piedra y ladrillo, una combinación de elementos genuinamente mudéjar (figs. 57 y 62).

Por su parte, el pilar más utilizado en las iglesias mudéjares de tres naves separadas por arcos apuntados es el cruciforme, heredado directamente de la arquitectura almohade. Dentro de estos pilares hay diferentes variedades o versiones: con medias columnas adosadas, con pilastras, ochavados… En nuestro caso, se han utilizado pilares de ladrillo de planta cruciforme con pilastras adosadas y ochavadas (figs. 58 y 59).

La decoración, como hemos visto más arriba, es otro elemento que tiene gran importancia en el arte mudéjar. Siempre serán decoraciones como el ataurique, con motivos vegetales estilizados donde proliferan

---

[12] El ataurique es una decoración en yeso que cubría paredes enteras con formas de tipo vegetal, muy estilizadas e inspiradas en las hojas de acanto.

hojas, flores y enredaderas. Al evitar la religión islámica la representación directa de figuras animadas, hombres o animales, la decoración vegetal se convirtió en el principal medio de expresión artística, fundamentalmente en la yesería que decora las paredes. En esta ocasión no encontramos decoración en los muros, bien por la modestia de la construcción, bien porque la yesería que pudiera contener se hubiera ido tras las capas de cal y yeso con las que estaban cubiertos los muros, aunque este caso parece más improbable, porque entendemos que siempre habría quedado algún resto reconocible. No obstante, dada la relevancia que para el mundo islámico tiene la decoración, sí encontraron la forma de introducirla en el templo a modo de ornamentación vegetal a través de los capiteles. Todos aparecen esculpidos con diversos motivos florales, hojas de acanto y decoración vegetal diversa, la típica decoración de ataurique, aunque ciertamente con un labrado algo tosco (figs. 60 y 61).

Por último, la cubierta es una de las soluciones técnicas más funcionales que aporta el mudéjar, heredada de su tradición islámica. Dichas cubiertas se construyen en madera y suelen emplear la armadura de par e hilera y la de par y nudillo, siendo la primera más simple y la segunda la más comúnmente utilizada. Ambas están formadas por un gran madero horizontal, que se denomina hilera, que apoya sobre dos testeros, y el resto de maderos, que son los pares, forman las dos pendientes y apoyan sobre los muros perimetrales, pudiendo estos estar unidos por tirantes, en caso de necesitarlo, para impedir la apertura de los muros por el empuje de la cubierta. Esta sería la más simple, aunque la más utilizada añade los nudillos, que traban dos pares opuestos y refuerzan la armadura (figs. 64 y 65).

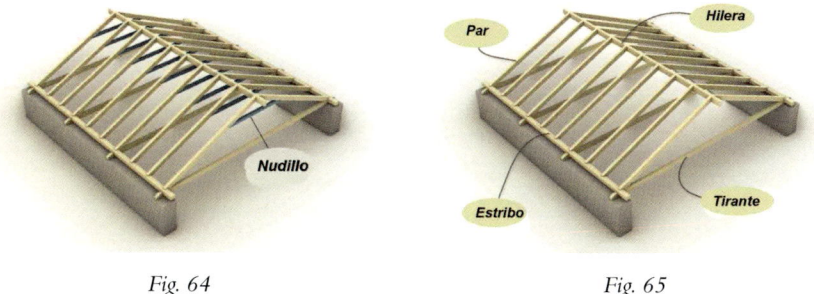

Fig. 64   Fig. 65

En nuestro caso, en la iglesia de Villanueva vemos que se trata de una cubierta típica del mudéjar, simple, de madera, con una armadura de par e hilera que no lleva el complemento de los tirantes porque, dada la escasa envergadura de la construcción, no los necesita (fig. 63). En ocasiones, en iglesias de mayor entidad estas cubiertas se completaban con una trabazón decorativa de lacería de madera que ornamentaba toda la cubierta y realzaba el conjunto, algo que no encontramos en la nuestra, de factura más modesta.

Respecto a los dos tramos de iglesia que conservamos, cabe reseñar que la cubierta tiene diferente altura en cada uno. Esto se debe a que el primer cuerpo corresponde al primitivo torreón. Tras la reforma que se le hace para alargar la iglesia, el torreón conserva su altura y su carácter defensivo, como acreditan las fuentes, por lo que no se cubrió, algo que debió de ocurrir más adelante, cuando dejó de ejercer su función defensiva. En cambio, el segundo cuerpo es el de nueva construcción con la reforma y tiene la altura que mantuvo el resto de la construcción mudéjar (fig. 66).

Fig. 66

Como podemos ver, los dos cuerpos de templo que se conservan
en nuestra iglesia nos regalan una preciosa basílica gótico-mudéjar que
reúne en poquito espacio la quintaesencia de este estilo arquitectónico
a mediados del siglo XIV. Es un templo de pequeñas proporciones,
de formas sobrias, que nos ofrece la belleza de la sencillez, donde, al
cruzar el umbral, el murmullo desaparece, los arcos apuntados y los
ladrillos entrelazados nos envuelven en un recogimiento que invita a
la espiritualidad; donde los juegos de luz y color crean un espacio casi
mágico, atemporal; donde el tiempo se diluye en lo sagrado; donde la
armonía de un juego de volúmenes consigue una sincronizada fusión
de estilos y culturas que convierten a esta iglesia en una joya arquitectónica única en la provincia de Jaén. En Villanueva, el diálogo de
culturas que imponía la Reconquista no solo fue posible, también fue
hermoso (figs. 67 a 79).

Fig. 67

Fig. 68

Fig. 69

Fig. 70

Fig. 71

Fig. 72

Fig. 73

Fig. 74

Fig. 75

Fig. 76

Fig. 77

Fig. 78

Fig. 79

Una vez construida la nueva iglesia gótico–mudéjar hacia 1350, debemos apuntar que el templo no quedó exento a la vista de todo el pueblo. La fortaleza, la construcción defensiva, siguió existiendo, conservando su estructura intacta, con su torreón dominando el entorno y exhibiendo su potencial defensivo, lo que desde el exterior impedía adivinar la existencia de una iglesia, que quedó protegida, arropada y enmascarada por los muros de la fortificación. El acceso desde el interior de la fortaleza al torreón siempre habría estado en su lateral derecho, entrada que se siguió manteniendo para el acceso a la nueva iglesia. Es la puerta que encontramos hoy justo al franquear el acceso renacentista de la actual iglesia, donde hace de una segunda puerta de entrada, una puerta que en el siglo XIV se encontraba en el exterior, como lo atestigua la existencia de un reloj de sol que se encuentra a su derecha (figs. 80 y 81). No obstante, esta puerta debió de ser modificada en algún momento que no podemos precisar, puesto que su fisonomía de arco de medio punto con dovelas molduradas no corresponde a la época de la que hablamos.

Fig. 80   *Fig. 81*

En el siglo XIV este tipo de fortificaciones siguieron desempeñando un papel esencial en la defensa de las pequeñas poblaciones, a las que ofrecían protección y refugio tanto ante los ataques de las razias musulmanas desde el cercano reino nazarí como en las guerras internas entre señores feudales tras el reparto del territorio entre la nobleza, las órdenes militares, la Iglesia…

En Villanueva tenemos constancia de la continuidad del castillo durante el siglo XV a través de un documento de 1478[13] (fig. 82) que recoge un pleito de un vecino de la aldea contra el alcaide de Andújar, D. Pedro de Escavias, en el que se narra un episodio que se encuadra dentro de las luchas civiles que marcaron la última etapa del reinado de Enrique IV.

---

[13] «Otros documentos inéditos sobre Pedro de Escavias (1477-1480)». Miguel García. *Boletín del Instituto de Estudios Jiennenses,* n.º 112 (1982). Documento 8. R. G. S. 12, 3 de abril de 1478.

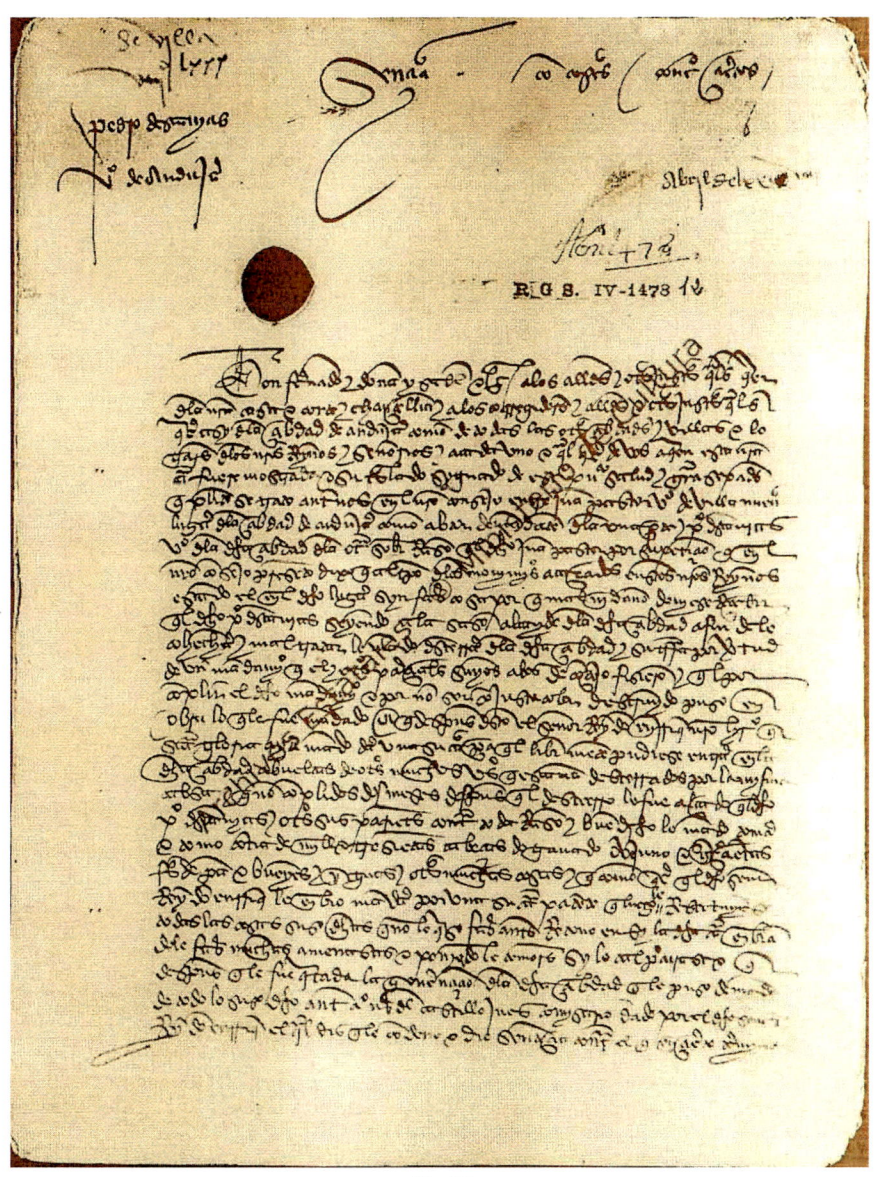

Fig. 82

En 1465 el castillo estaba gobernado por Diego Mexía, un alcaide nombrado por la ciudad de Andújar, partidaria del rey Enrique IV, mientras que la comarca estaba dominada por la Orden de Calatrava, al mando de Fadrique Manrique, tío del famoso poeta Jorge Manrique, partidario del infante D. Alfonso[14]. El representante de la Orden, mediante una argucia, tomó el castillo, destituyó al alcaide y nombró en su puesto a un representante de la familia de los Palominos, afín a la causa alfonsina que defendían los calatravos. Acto seguido declaró Villanueva como villa independiente de Andújar, separando y amojonando el término que ellos dominaban. Es la primera separación de Villanueva de la ciudad de Andújar, que responde a intereses estrictamente políticos. La separación será efímera, pues, al deberse a causas exclusivamente políticas, quedará a merced de los acontecimientos y turbulencias de la época. Por eso, tras la muerte del infante Alfonso, Enrique IV viajó a Jaén en 1469, pactó con los nobles rebeldes y Villanueva volvió a la jurisdicción de Andújar.

---

[14] En 1462 nació Juana, la hija de Enrique IV de Castilla, y fue nombrada heredera al trono como princesa de Asturias, pero parte de la nobleza, haciéndose eco de los rumores de impotencia del rey, atribuyó la paternidad de la niña a su valido, Beltrán de la Cueva, noble de Úbeda y favorito del rey, de ahí el nombre de Juana la Beltraneja. En 1465 estos nobles se reunieron en Ávila y proclamaron rey a su hermano Alfonso, de solamente once años. Fue entonces cuando estalló la guerra abierta entre los partidarios de cada bando. En 1467 Alfonso murió por causas desconocidas, algunos dicen que envenenado, y Enrique recuperó el trono.

Como vemos, nuestro castillo estuvo cumpliendo sus funciones de fortaleza durante el siglo XV y con frecuencia se vio envuelto en los enfrentamientos de la nobleza, porque Villanueva en esa época tenía una importancia estratégica, ya que muy cerca de la localidad se encontraba un puente sobre el Guadalquivir que controlaba el paso del camino entre Andújar y Jaén[15].

Los muros de la construcción defensiva, de los que forma parte nuestro templo gótico-mudéjar, perdurarían hasta finales del siglo XVI con la construcción de la nueva iglesia renacentista, como nos lo transmite Terrones Robles en el libro mencionado con anterioridad, que dice textualmente en una cita, cuando habla de la construcción de la iglesia actual:

> «… hasta que habrá noventa años, pocos más o menos, que se hizo parroquia aparte, labrando en la torre que queda referida la iglesia que hoy tiene» (fig.83).

---

[15] Este puente no es el que actualmente tenemos sobre el Guadalquivir, sino otro que habilitaba el camino entre Andújar y Jaén. Se encontraba a legua y media de Andújar. De Villanueva a Andújar había tres leguas, por lo que aproximadamente estaba a medio camino entre ambas, siguiendo el camino del Arrecife, paralelo al curso del río. La batalla de San Bernabé de 1466 entre los partidarios del rey Enrique IV, liderados por Pedro de Escavias, y los de su hermano, el príncipe Alfonso, al mando de Fadrique Manrique, se libró a las afueras de Villanueva, cuando Pedro de Escavias y su ejército iban de Jaén hacia Andújar buscando el paso por el Guadalquivir y fueron sorprendidos por el ejército de Fadrique Manrique, que los esperaba en La Higuera. Este puente se ha destruido y reconstruido en numerosas ocasiones por las crecidas del río y de ello hay algunas referencias para la reconstrucción en las actas capitulares del Archivo Histórico Municipal de Andújar. En el acta capitular del 18 de agosto de 1704 se habla sobre la reconstrucción de un ojo del puente que había sido destruido por la crecida del río. En 1774 (acta capitular del 11 de mayo de ese año) se solicitó la construcción de un nuevo puente, que sería el que actualmente tenemos. El cabildo de Andújar lo denegó, diciendo que ya tenían un puente de tiempo inmemorial a legua y media del de Andújar, lo que actualmente serían unos 8,5 kilómetros por el antiguo camino del Arrecife, que podría situarlo aproximadamente en la Dehesa de Conejeras, donde el camino pasa más cerca del río, y este es el puente que existió durante la Edad Media y la Edad Moderna. La construcción del puente actual también se intentó por Villanueva ya en 1599, según contrato que ha rescatado recientemente D. José del Moral de la Vega. Esta construcción no llegó a prosperar, y de este asunto también encontramos referencias en las actas capitulares de Andújar (acta capitular del 16 de junio de 1600 sobre el repartimiento de los gastos para el nuevo puente y acta capitular del 21 de enero de 1605 sobre el paradero del dinero recaudado para los gastos).

Esta cita es de 1657 y nos habla de unos noventa años atrás. Terrones nos está situando hacia 1567, está fijando la fecha aproximada en la que la parroquia de Villanueva se segrega de la parroquia de Santa María de Andújar, a la que pertenecía, y al mismo tiempo está estableciendo el momento aproximado en el que comienza a construirse la actual iglesia renacentista.

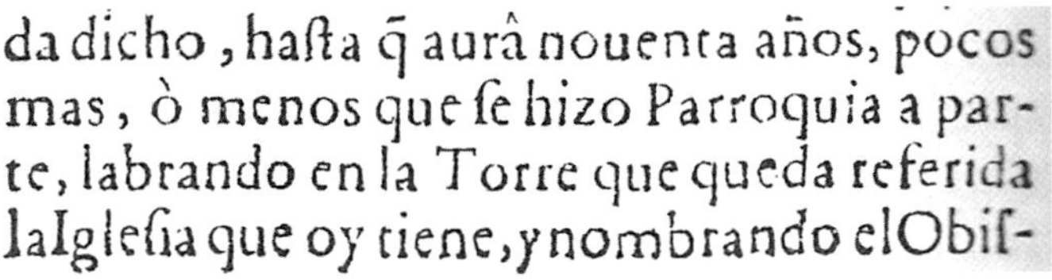

da dicho , haſta q̃ aurâ nouenta años, pocos mas , ò menos que ſe hizo Parroquia a parte, labrando en la Torre que queda referida laIgleſia que oy tiene, y nombrando elObiſ-

Fig. 83

La cita de Terrones es reveladora. Nos dice que la iglesia comienza a construirse sobre «la torre que queda referida». Es significativo que en ningún momento mencione que la iglesia renacentista se construya sobre otra existente. La razón parece evidente: el templo gótico-mudéjar no era visible desde fuera como edificio independiente, sino que quedaba oculto y protegido por la fortaleza, en la que la torre se erigía como su elemento más prominente. Por eso el cronista describe la construcción del nuevo templo renacentista como si este emergiera directamente de la estructura defensiva.

5

La bóveda estrellada: el esbozo de un templo gótico

Durante más de un siglo y medio, el templo conservó su fisonomía mudéjar, hasta que a comienzos de siglo XVI un nuevo impulso, alentado por cuestiones tanto sociales como económicas y artísticas, empujó a la élite local de Villanueva a intervenir de nuevo y emprender una reforma en la iglesia.

Efectivamente, cuando comienza el nuevo siglo, la vieja aldea despierta con profundos cambios en su sociedad. Un fuerte crecimiento demográfico del lugar de Villanueva de Andúxar marcará un nuevo rumbo a los acontecimientos que sucederán en esta población en los siglos XVI y XVII.

Nos cuenta Terrones Robles en su obra citada:

> *«Hizole merced a la ciudad de Andújar el Rey Don Alonso de Castilla y León, como consta del privilegio citado con todos sus términos, montes y fuentes, y para que la pudiese poblar, como lo hizo, dando a las personas que allí quisieron labrar casas, solares y sitios, de esta otra parte hacia la sierra, para heredades y licencia para poner un barco que pagasen cierta cantidad de maravedíes, para propios de la ciudad; nombrándoles Alcaldes Ordinarios y Regidores, no más que para su gobierno, sin más jurisdicción que conocimiento en las causas hasta seiscientos maravedíes, y en todos los demás acudiesen al Corregidor de la ciudad de Andújar. Esto se fue continuando todo el tiempo que duró el poseer los moros la ciudad de Granada, y sus tierras, que como de ellas salían a hacer correrías, y a talar los panes, y este sitio de Villanueva está hacia la parte de la campiña sin defensa ninguna, aunque la ciudad de*

Andújar era plaza de armas y fuerte, como estaba el río en medio les podían socorrer poco, y después que el Rey Don Fernando, y la Reina Doña Isabel ganaron a Granada, y echaron los moros del Andalucía, quedó este lugar más sosegado, y se fue aumentando, dándoles la dicha ciudad a las personas que querían poblar allí solares y sitios para heredamientos en la forma que queda dicho...» (fig. 84).

Torre. Hizole merced a la ciudad de Andujar el Rey don Alonso de Castilla, y Leon, como consta del preuilegio citado con todos sus terminos, montes, y fuentes, y para que la pudiesse poblar, como lo hizo, dando a las personas que alli quisieron labrar casas, solares, y sitios, de estotra parte hàzia la sierra, para heredades, y licencia para poner vn barco, cõ que pagassen cierta cãtidad de marauedis, para propios de la ciudad; nombròles Alcaldes Ordinarios, y Regidores, no mas que para su gouierno, sin mas jurisdiciõ que conocimiento en las causas hasta seyscientos marauedis, y en todos los demas acudiessen al Corregidor de la ciudad de Andujar. Esto se fue continuando todo el tiempo que durò el posseer los Moros la ciudad de Granada, y sus tierras, que como de ellas salian a hazer correrias, y a talar los panes, y este sitio de Villa-Nueua està hàzia la parte de la campiña sin defensa ninguna, aunque la ciudad de Andujar era plaça de armas, y fuerte, como estaua el rio en medio les podia socorrer poco, y despues que el Rey don Fernando, y la Reyna doña Isabel ganaron a Granada, y echaron los Moros del Andaluzia, quedò este lugar mas sossegado, y se fue aumentando, dandoles la dicha ciudad a las personas que querian poblar alli solares, y sitios para heredamientos en la forma q̃ que-

Fig. 84

La cita de Terrones Robles viene a darnos la clave para la explicación a ese fuerte crecimiento demográfico de Villanueva en esta época.
Durante siglos, esta zona había sido una peligrosa tierra de frontera,
en la que la presencia tan cercana de «los moros» en el reino nazarí
de Granada y el temor a sus continuas incursiones militares, las razias
musulmanas que saqueaban las poblaciones, hacían que estas tierras
se encontraran casi despobladas y nadie quisiera venir a vivir a este
lado del río porque se encontraban indefensos ante esos saqueos, pues,
aunque Andújar era una plaza fuerte, el río que la separaba de Villanueva dificultaba la defensa. Todo cambió tras la conquista de Granada
por los Reyes Católicos en 1492. Con la expulsión de los moros y la
desaparición definitiva del peligro musulmán, la comarca se pacificó
y se convirtió en un lugar seguro y próspero para vivir, lo que dio lugar a que estas tierras se poblaran rápidamente, originando un fuerte
crecimiento de la aldea de Villanueva durante todo el siglo XVI. Este
crecimiento de la población, acompañado por el consiguiente aumento
de recursos económicos que ello suponía para la zona, impulsará un
lenguaje social más ambicioso, que rápidamente generará la necesidad
de construir una iglesia de mayores proporciones que sustituya a la vieja
iglesia gótico-mudéjar que se encontraba enmascarada en los muros
de la vetusta fortaleza.

La reforma para la construcción de la nueva iglesia comenzará de-
moliendo la cabecera o ábside de la iglesia existente, que será sustituida
por la bóveda que hoy podemos contemplar (figs. 85 y 86). Durante
bastante tiempo ha existido cierta confusión acerca de la época en la
que situar esta bóveda, pues, mientras que para unos eran trazas de un
gótico que no se alcanzaba a ubicar, para otros se daba por hecho que
se trataba de un elemento más de la obra renacentista, ya que a simple
vista parece asentarse sobre cuatro pilares de la nueva construcción,
de forma irregular y algo amorfos, unidos por arcos de medio punto
donde se aloja el escudo del obispo D. Francisco Delgado, que ocupó
la cátedra de Jaén en el último tercio del siglo XVI (figs. 87 y 88). Pero
el reciente estudio de la planta de la iglesia revela que esos pilares no
son tales, sino que en realidad son cuatro contrafuertes simétricos (fig.

89) a los que en fechas posteriores se añadieron esos falsos pilares con función meramente decorativa, como más adelante veremos.

En la arquitectura del románico, el contrafuerte es un pilar que se adosa al muro para aguantar los empujes laterales de la bóveda de cañón. Estos pilares son más estrechos en la parte superior, donde solamente reciben a la bóveda, y mucho más anchos en su base, donde tienen que aguantar todo el empuje de la cubierta, por eso los contrafuertes siempre están en el exterior, reforzando el soporte de las cubiertas. El gótico revoluciona este concepto constructivo, sustituyendo la bóveda de cañón por bóvedas de crucería cuyos extremos apoyan directamente sobre los contrafuertes si es en el exterior o sobre pilares si es en el interior, de tal forma que para soportar la cubierta no se necesita el muro, que pasa a tener una función más bien decorativa, permitiendo abrir grandes huecos para ventanales y vidrieras.

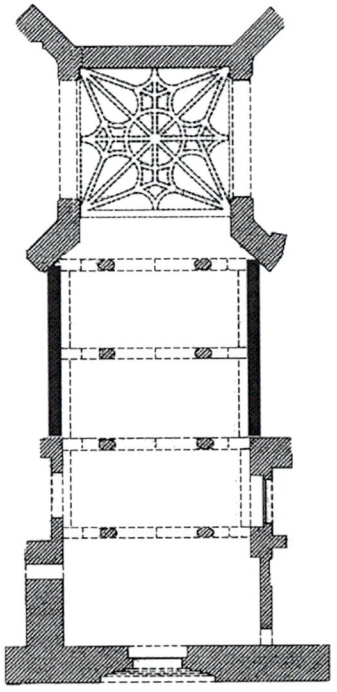

Fig. 85

Fig. 86

Fig. 87

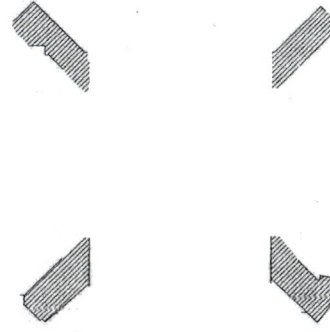

Fig. 88

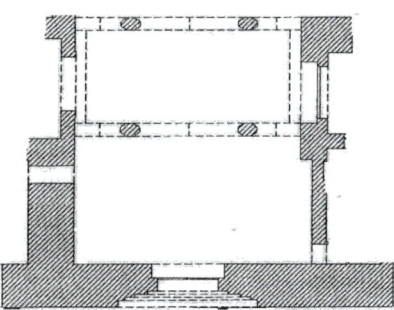

Fig. 89

Nuestra bóveda se asienta sobre los cuatro contrafuertes. Podríamos prescindir del resto de la iglesia y la bóveda quedaría intacta, como acabamos de ver en la figura 89.

Hoy día hay dos contrafuertes que se encuentran en el exterior de la iglesia, uno en lo que actualmente es la sacristía y otro directamente en la calle (figs. 90 y 91), y otros dos que, con la ampliación del templo renacentista, se quedaron en el interior (fig. 92). No obstante, cuando se construyeron, los cuatro estaban fuera de la iglesia, pues tenemos claro que un contrafuerte nunca se puede levantar dentro. Por tanto, nos estarían marcando el límite exterior de la iglesia gótico-mudéjar con la bóveda como su cabecera.

Fig. 90   *Fig. 91*

Fig. 92

Por otro lado, el material empleado en la construcción de los contrafuertes nos va a permitir acercarnos a la datación de esta construcción. Como podemos ver, se levantan empleando la piedra de cantería, muy bien labrada, pero aún se sigue utilizando el ladrillo, que se va trabando con las hiladas de piedra, lo que nos advierte de que la influencia mudéjar aún está presente. Junto con este detalle, otros datos nos sugieren una ubicación en la línea del tiempo. En la bóveda encontramos ya un gótico avanzado, de transición al Renacimiento, que casi diluye el arco apuntado con el de medio punto. También algunas circunstancias sociales condicionan el periodo de ejecución de la obra. La rebelión de los moriscos en las Alpujarras en 1568 provocó su caída en desgracia y marcó un punto de no retorno, en el que comenzaron a ser vistos como un problema de seguridad nacional y a ser marginados socialmente hasta que fueron expulsados por Felipe III a partir de 1609. Todo ello nos obliga a situar la construcción de la bóveda en la primera mitad del siglo XVI.

A falta de fechas concretas y documentos precisos, la arquitectura comparada de la zona nos puede ofrecer pruebas bastante concluyentes. Si buscamos similitudes en la comarca, encontramos una construcción de idénticas características en Andújar, en la Torre del Reloj (figs. 93 y 94). Si las comparamos, el esquema de la construcción es prácticamente igual. Esta torre en honor a Carlos V se terminó en 1534. Puesto que en la pequeña aldea de Villanueva no sería fácil encontrar maestros o alarifes y mano de obra para ejecutar la construcción, es fácil pensar que estos vinieran de la ciudad de Andújar y, dada la extraordinaria semejanza entre las dos construcciones, no sería descabellado atribuirlas a las mismas manos.

Considerando todos estos elementos, la fusión de materiales, el contexto histórico y la conexión con Andújar, podemos situar la construcción de los contrafuertes y de la bóveda que sustentan en la primeras décadas del siglo XVI, aproximadamente entre 1500 y 1520, bajo el impulso de Alonso Suárez de la Fuente del Sauce, obispo que tenía numerosas posesiones en Andújar y potenció el desarrollo de la comarca.

Fig. 93   Fig. 94

Comenzaría a discurrir el nuevo siglo en el lugar de Villanueva transformando su edificio más emblemático, la iglesia, que a partir de entonces estaría coronada por una extraordinaria bóveda gótica que sería su cabecera. Se trata de una magnífica bóveda estrellada de nervaduras, típica de la época más avanzada del gótico (figs. 95 y 95a), como las que podemos encontrar en tantas iglesias góticas.

Fig. 95

Fig. 95a

No obstante, esta presenta algunos elementos que la hacen bastante singular. Está formada por dos nervios que cruzan los cuatro puntos y, a base de terceletes, configura una gran estrella (fig. 96) sobre la que se incorpora una imponente cruz occitana[16] muy bien definida (figs. 97 y 97a), con sus característicos doce círculos o pomos en las puntas de sus brazos, que en este caso se extienden a todas las intersecciones de la cruz para decorarlos con símbolos religiosos (figs. 98 y 99). Dado que la cruz occitana es un símbolo de la región de Occitania, en el sur de Francia, carente de vínculos históricos directos con esta zona de Andalucía, su presencia debe interpretarse como un audaz y original recurso decorativo dentro del repertorio del gótico tardío.

---

[16]   La cruz occitana es un símbolo cultural e histórico de la región de Occitania, en el sur de Francia. Fue incorporada a sus armas por los condes de Toulouse hacia el siglo XII, convirtiéndola en el estandarte de un territorio con identidad propia. También se la conoce como «cruz cátara» porque fue utilizada, con el apoyo de la nobleza, como símbolo de resistencia por los cátaros, un movimiento religioso que floreció entre los siglos XII y XIII en Occitania. Se autodenominaban «hombres buenos», creían en la existencia de un «Dios del Bien», creador del mundo espiritual y de las almas, y un «Dios del Mal» (Satán), creador del mundo material y del cuerpo físico, y fueron proscritos como una secta herética por la Iglesia católica, que decretó una cruzada contra ellos y acabó exterminándolos. Desde el punto de vista morfológico, se trata de una cruz griega de brazos simétricos que se ensanchan en los extremos. Su rasgo más distintivo es que cada uno de los brazos culmina en tres vértices coronados individualmente por pequeños círculos o pomos. Esta disposición genera un conjunto de doce pomos cuya simbología ha suscitado diferentes interpretaciones a lo largo de la historia. La iconografía tradicional cristiana los asocia con los doce apóstoles, mientras que otras lecturas de carácter astrológico los identifican con los doce signos zodiacales.

Fig. 96

Fig. 97

Fig. 97a

Fig. 98

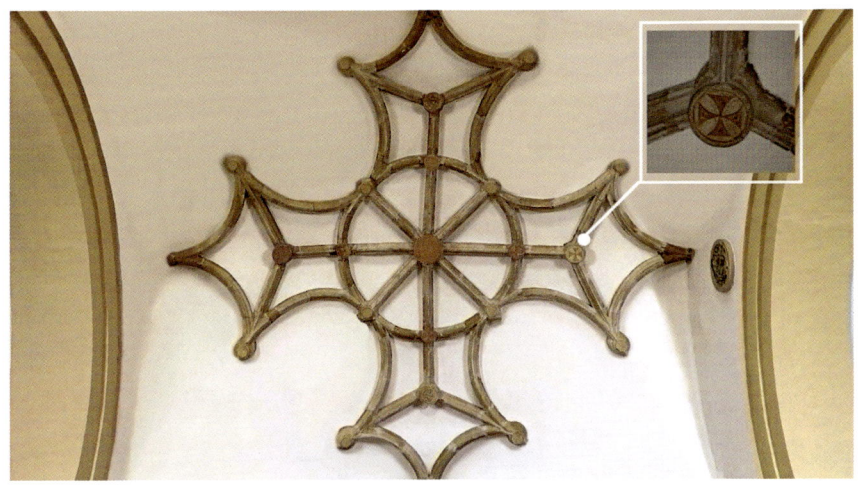

Fig. 99

Una vez terminada, las nervaduras de la bóveda descienden en elegantes haces hasta los contrafuertes y de ahí arranca un arco fajón[17] ligeramente apuntado que da acceso a la nave central del templo. Ya la existencia de un arco fajón nos genera cierto desconcierto, pero más aún la aparición de un elemento totalmente disruptivo, una interrupción brusca que nos coge por sorpresa y nos susurra la existencia de un plan inacabado. De cada uno de los extremos del arco fajón arranca un nuevo haz de nervaduras con una ejecución perfecta, pero se interrumpe al iniciar la curvatura del arco, como si fueran los brotes de una futura bóveda que nunca llegó a crecer (figs. 100, 101, 102 y 103). La construcción solamente dejó iniciadas las nervaduras y los brotes quedaron cercenados para siempre. Todo parece indicar que la intención del constructor fue realizar solamente la primera bóveda, que quedaría como cabecera de la iglesia existente, y dejar hecho el arco fajón, que da paso a un nuevo tramo, junto con los nervios iniciados de una nueva

---

[17] En un templo gótico, el arco que separa dos bóvedas de crucería se llama arco fajón (también llamado arco perpiaño). Es un arco transversal que refuerza la estructura de la nave. Va de un lado al otro, apoyándose en los contrafuertes. Divide visual y estructuralmente los diferentes tramos de bóveda de la construcción y marca el ritmo arquitectónico de la nave (figs. 100 y 101).

bóveda para, en un futuro próximo, continuar la construcción de una iglesia gótica con cubierta de bóvedas de crucería.

No obstante, nos podría tentar otra lectura sobre la interpretación de estos arranques de nervaduras y llevarnos a plantear la duda de si había otra bóveda más que podría haber sido destruida en la siguiente fase constructiva, pero hay un detalle constructivo crucial que descarta esa posibilidad. Es la disposición de los contrafuertes interiores. Estos están diseñados para soportar el empuje de una sola estructura. Si se hubieran construido dos bóvedas contiguas, estos soportes se habrían colocado de forma perpendicular al eje del templo para contrarrestar la doble carga (fig. 104).

Fig. 100

Fig. 101

Fig. 102

Fig. 103

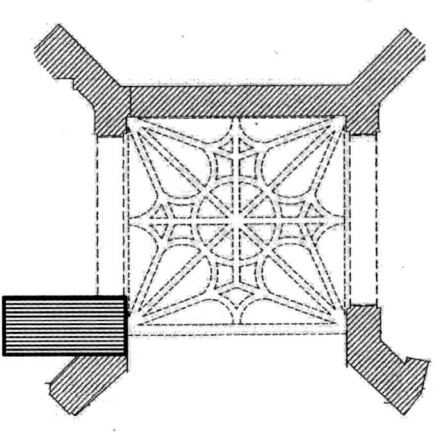

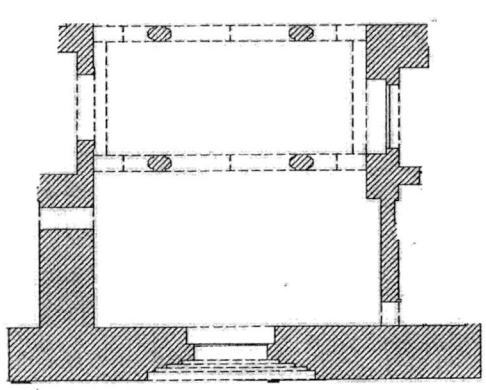

Fig. 104

Nuestra aventura gótica podemos decir que se quedó en el esbo-
zo de lo que pudo ser un bonito templo con cubierta de bóvedas de
crucería, de las que solo se llegó a construir una, que, por suerte, hoy
podemos admirar.

6

El templo renacentista: un símbolo para un pueblo en pleno apogeo

Los años posteriores a la expulsión definitiva de los moros del reino de Granada trajeron consigo, como hemos visto anteriormente, una nueva etapa de esplendor a esta comarca. Por un lado, estas tierras dejaron de estar bajo el acecho de del reino nazarí. La desaparición definitiva del peligro musulmán dejó expedita la zona para un rápido asentamiento de nuevas familias que vinieron a explotar sus fértiles tierras. Por otro lado, tras el descubrimiento de América en 1492, el siglo XVI se abrió con un periodo de prosperidad económica que irradió a toda la península, pero que tendría su epicentro en Andalucía. Esta prosperidad económica retroalimentó un aumento de población, de los terrenos de cultivo, de la ganadería, de las actividades artesanales… En definitiva, una explosión económica y demográfica que acabaría llegando a todos los rincones.

Villanueva experimentó un aumento de población muy considerable y a lo largo del siglo XVI su crecimiento demográfico fue vertiginoso, generando un aumento de la producción, de nuevas roturaciones, de los precios agrícolas, de las rentas de arrendamientos… Hacia 1567, la aldea había alcanzado una envergadura tal que se consiguió un viejo anhelo que resultaría crucial en los siguientes años: la segregación como parroquia propia. Ya no dependería de la iglesia de Santa María de Andújar, lo que tenía unas implicaciones jurídicas y fiscales importantes en la época. El recién nombrado obispo de Jaén, D. Francisco Delgado López, designó un prior y curas para la parroquia y les asignó la dezmería —los diezmos e impuestos que debían cobrar—, tal y como relata Terrones Robles *(op.cit)*.

Este fortalecimiento no fue algo menor. Con 500 familias y aproximadamente 2.500 habitantes, el lugar de Villanueva ya no era una simple aldea[18], sino que se había convertido en una población de entidad considerable para la época, con un notable potencial económico y una creciente conciencia de su propia identidad que la impulsó a reclamar una aspiración mucho más profunda en el corazón villanovero: la separación jurisdiccional de Andújar.

UN CLERO AMBICIOSO Y LA INTERVENCIÓN REAL

La recién adquirida independencia parroquial fue algo más que un trámite administrativo. Fue el punto de inflexión, la chispa que desencadenó un largo proceso judicial que se eternizaría en el tiempo y que duró dos siglos: la separación definitiva de Villanueva de Andúxar como villa independiente. Este movimiento fue vigorosamente impulsado por el clero local, que, desde el púlpito, arengaba y levantaba a la población contra lo que consideraba la opresión y las injusticias de Andújar. Una vez asegurada la dezmería (el derecho a cobrar el diezmo), la siguiente pretensión pasaba por conseguir el control de la jurisdicción administrativa, para lo que los religiosos continuaron alimentando la agitación social[19] hasta el punto de provocar incluso la intervención de Felipe II, que, encontrándose en Lisboa, donde las Cortes de Tomar acababan de nombrarlo rey de Portugal en abril de 1581, envió un despacho a las Cortes de Madrid para que se desplazara un juez a investigar los sucesos e intenciones de Villanueva (fig. 105)[20].

En este contexto de efervescencia demográfica, económica, política y eclesiástica se generó el caldo de cultivo necesario para lanzarse a emprender un proyecto más ambicioso: la construcción de un nuevo

---

[18]   En 1591 Andújar tenía 2.900 familias, por lo que Villanueva, para ser una de sus aldeas, había alcanzado casi el 20 % de su población. *Des Chateau en Espagne. Gouvernement des finances et mobilité sociale au XVIIª siecle*. Sébastien Malaprade. Tesis doctoral sobre la figura de Rodrigo Jurado Moya, natural de Villanueva de Andúxar.
[19]   Acta capitular del 21 de abril de 1600 del Archivo Histórico Municipal de Andújar.
[20]   Archivo General de Simancas: M y P, leg. 353, fol. 5.

templo, mucho más grande, que respondiera al espíritu de un pueblo que ya no se conformaba con sobrevivir junto a los muros de una vieja iglesia-fortaleza, que reflejara las aspiraciones de una comunidad que había alcanzado su madurez y de un pueblo que se encontraba en plena expansión.

En este vibrante panorama también comenzó a fraguarse una auténtica edad de oro para Villanueva, la que probablemente fue la época de mayor esplendor a lo largo de su historia en el ámbito social y cultural, abriendo el siglo XVII con un elenco de figuras de inmensa talla intelectual y política tanto a nivel provincial como nacional, una extraordinaria concentración de personajes ilustres, hecho verdaderamente notable para una pequeña aldea como Villanueva. Si tenemos en cuenta que en esta época se estima que menos del 10 % de la población sabía leer y escribir en el mundo rural, me atrevería a subir el calificativo y definirlo como una auténtica constelación de talentos.

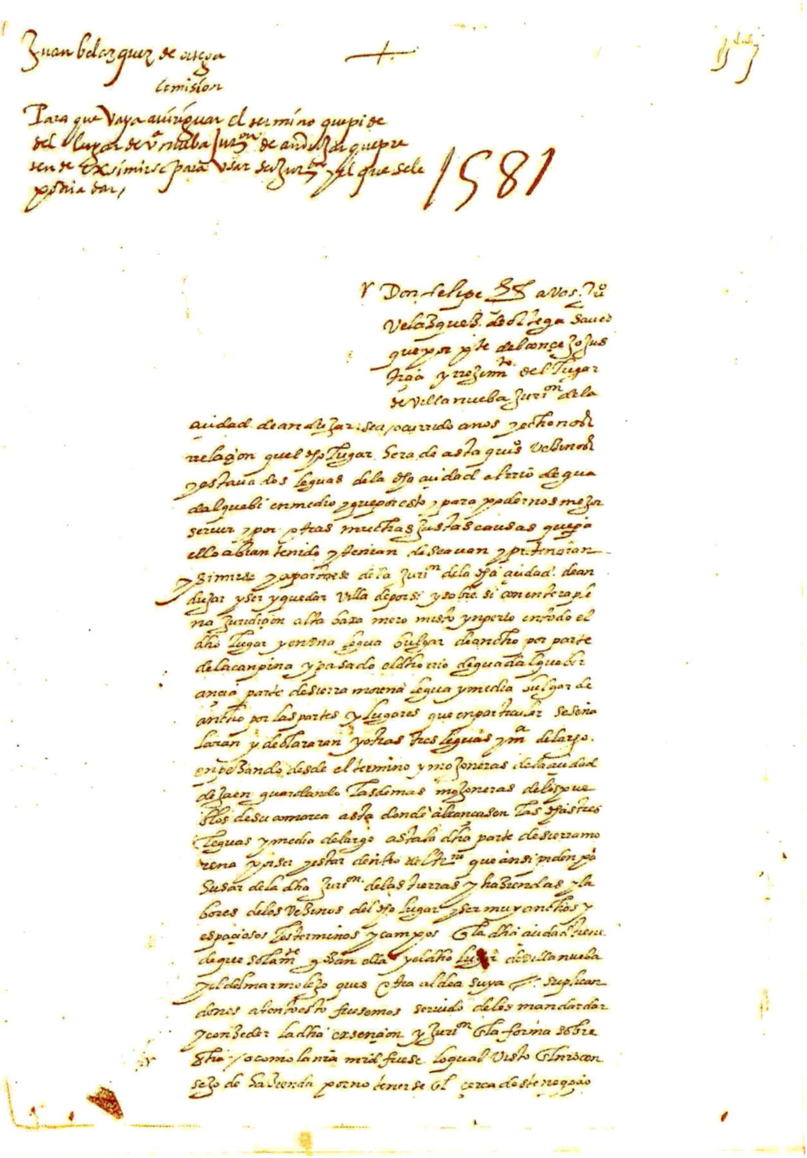

Juan belazquez de cueva
comision

Para que vaya auiriguar el termino que pide
del lugar de v nuaba [uaon] de aUilla que pue-
sen se eximirse para [biar] de [junt] y [el] que se le
podria dar,

1581

[V Don felipe &c años.tº
Velazques de Si [...]ega saued
que yo y lo [...]
[...] y [...]tur[...] del lugar
de Villa nueba [juriº] de la]

[ciudad de andalazar[...]sa pasados años yse[...]nos
relaçion quel dho lugar sera de [...]asta quis velbineds
pobraua dos leguas de la dha auidad abrió de gua-
da lquebi en medio y que por esto y para poder nos meja
seruer y por otras muchas [...] las causas que qui
ella abian tenido y [...]enian de ser uan y p[...]nostar
y simne y aportrros de la [juriº] de la dha auidad [...]dean
[...]ugar yser yqueder villa de por si y to no si con[...]ra p[...]
na [jurisd]içion alla [...] mero miso y puerto en dho el
dho lugar y en dno legua [...]lyar dianeho por parte
de la campina y pasado el dho rio de gua da lquebi
ança parte de [...]ea menoa legua ymedia al lugar de
an[...]o por las partes y lugares que en par[...]an[...] de seno
saran y declararan y estas tres leguas [...] de largo
en [...]lando desde el termino y mojoneras de la au dad
de [...]en guardando [...]asti mas [...]oneras de la [...]sque
[...]los de su comorca a [...]la donde altancason los dichos tres
leguas ymedio de largo a[...]na dho parte de sierramo
[...]ena y ser esta dentro de [...]tin que ansi pidein yo
susan de la dha [juriº] de las tierras y haciendas y la
bores de los vezinos del dho lugar yser muy an[...]os y
espaciosos y terminos y campos en la dha ciudad [...]en
de que se [...]an y sean ella y que esta [...] de [...]lla nueba
de del m[...]mo l[...]o que es dha alda suya [...] suplican
donis a bon [...]etro fuesemos seruido de los mandardar
y conceder la dha casenam y [juriº] en la forma es [...]a
[...]ho y como la [...] mrd fuese lo qual visto por nuestro con
sejo de la acienda porno tenerse en el [...] cerca de sto negocio]

Fig. 105

De este elenco de personajes podemos destacar a escritores de gran reconocimiento como D. Juan Acuña del Adarve, catedrático de Teología de la Universidad de Baeza y prior de Villanueva, ¡que llegó a instalar una imprenta en su casa!, desde donde imprimió el *Discursos de las Effigies y verdaderos retratos non manufactos del Santo Rostro y cuerpo de Christo nuestro Señor…*, una auténtica hazaña del momento; D. Juan de Barrionuevo Moya, clérigo, profesor y escritor, que participó en algún certamen junto con el mismísimo Luis de Góngora[21]; D. Martín de Ximena Jurado, gran historiador del «reino de Jaén» y una figura absolutamente indispensable para desentrañar la historia del Jaén medieval; D. Rodrigo Jurado y Moya, abogado por la Universidad de Sevilla y el político de más altura que hasta ahora hayamos tenido en Villanueva, pues llegó a ser procurador del rey Felipe IV, recaudador general de las Cortes, fiscal del Consejo de Hacienda, procurador de la Comisión de Millones y protegido del conde-duque de Olivares, algo que a la postre le hizo caer en desgracia cuando cayó el conde-duque.

En este marco histórico se llevó a cabo la gran transformación renacentista del templo. Teniendo en cuenta factores como la cronología del obispo Delgado y que la iglesia comenzó su propia andadura hacia 1567, el inicio de su construcción debemos situarlo a principios de la década de 1570. Todo un símbolo para toda una época de esplendor.

LOS ECOS DE VANDELVIRA Y LA FUSIÓN DE ESTILOS

A estas alturas del siglo XVI, el estilo gótico, dominante cuando se inició la bóveda de la iglesia anterior, había cedido su primacía y los vientos renacentistas habían barrido todo vestigio de estilos anteriores.

---

[21] «Justa poética cordobesa en honor de Santa Teresa». José Nicolás Romera Castillo. *Boletín de la Real Academia de Córdoba de Ciencias, Bellas Letras y Nobles Artes.* ISSN: 0034-060X. Vol. 52, n°. 103 (1982), págs. 97-118. En Córdoba se celebró un certamen poético en honor a la beatificación de Santa Teresa de Jesús, que tuvo lugar en mayo de 1614. Este certamen fue una justa poética donde se presentaron romances y otros poemas dedicados a la figura de la santa y en el que participó D. Luis de Góngora y Argote, aunque en un apartado diferente a nuestro paisano. D. Juan de Barrionuevo Moya, que se presentó por la categoría de décimas y obtuvo el segundo premio.

Tampoco las dimensiones de la vieja iglesia satisfacían ya las ambiciones de Villanueva. Un nuevo lenguaje arquitectónico se imponía en España, y en la provincia de Jaén el criterio de un gigante del Renacimiento, Andrés de Vandelvira, era ley.

La nueva obra pretendía ensanchar y alargar la planta del templo. Se decidió conservar la magnífica bóveda gótica de nervaduras preexistente, el único elemento que inicialmente se habían planteado respetar. A partir de esta, se proyectaron dos naves laterales que duplicarían la anchura de la iglesia original, que quedaría como nave central, y por el fondo se alargaría unos metros más el templo (fig. 106).

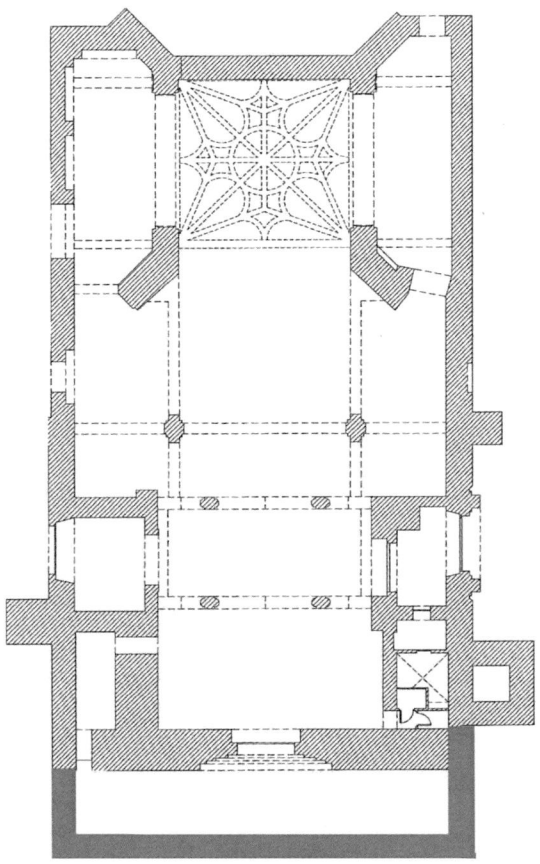

Fig. 106

La realidad luego fue otra, ya que se conservó una parte importante de la vieja iglesia y la extensión que se pretendía alargar nunca se completó, como veremos más adelante.

La autoría de esta nueva fábrica clasicista no la podemos acreditar por ahora, pero tampoco será una incógnita imposible de despejar ni, esperemos, muy prolongada en el tiempo, pues la fuerte influencia vandelviriana es innegable y el archivo diocesano arrojará la luz algún día.

El escudo episcopal del entonces obispo de Jaén, D. Francisco Delgado, quien ocupó la cátedra entre 1566 y 1576, adorna uno de los arcos que se adosaron a la bóveda gótica. Su presencia en la iglesia es, para muchos, una firma indirecta de Vandelvira, una prueba inequívoca de su intervención en la misma, pues el obispo Delgado no emprendía obra alguna sin que pasara por su arquitecto, ya que desde 1554 Vandelvira era el Maestro Mayor de Obras de la diócesis de Jaén y su mano intervenía en todos los templos y proyectos promovidos desde el obispado. Esta etapa final de su vida, ya que falleció en 1575, sugiere su más que probable participación, continuada por sus discípulos, en las trazas de este proyecto de integración de una construcción gótica en una renacentista, algo que no suponía un reto nuevo para él, pues también lo había llevado ya a cabo por esas fechas en otras iglesias como Santa María de Linares o la Catedral de Baeza.

La reforma comenzó precisamente aprovechando la espléndida bóveda gótica. Se abrieron los muros que delimitaban la bóveda, que, al descansar sobre contrafuertes, no eran estructurales y, por tanto, no sustentaban nada. Se adosaron a estos contrafuertes unos pilares renacentistas que sostenían un arco de medio punto, ambos con mera función decorativa, pues estos elementos solo tienen como función disimular el arco apuntado de la bóveda y albergar el escudo del obispo Delgado, algo que, de paso, nos confirma el inicio de la construcción renacentista justo en este periodo (figs. 107 y 108).

Fig. 107   Fig. 108

Bajo esta bóveda, el retablo que actualmente encontramos no es el que originariamente se colocó en el altar. La obra original fue un retablo, tallado en madera, de finales del siglo XVI atribuido a Sebastián de Solís, un artista de la última etapa del Renacimiento español que destacó como imaginero bajo la influencia de la escuela de Alonso Berruguete. Este retablo fue destruido durante la guerra civil española y de él solo sobrevive una fotografía de escasa calidad (fig. 109). El que contemplamos hoy se realizó en 1961 y es obra del maestro tallista de Andújar Mariano Piñar Ferrer (fig. 110)[22].

La ampliación de la construcción continuó con las nuevas naves laterales y la demolición de parte del edificio existente para transformarlo en la nave central del nuevo templo. El resultado fue una magnífica construcción de planta de salón, que creaba un espacio interior amplio, homogéneo, diáfano y unificado, sin jerarquías visuales entre las naves, todas a la misma altura. Un espacio que irradiaba

---

[22] Miguel Peinado Blanco: *El templo parroquial de Villanueva de la Reina, 1939-2019.* 2001.

majestuosidad, solemnidad, equilibrio, elegancia, simetría y armonía. En definitiva, un edificio que sintetizaba el ideal renacentista de la arquitectura clásica en perfecta conciliación con los recuerdos del gótico (figs. 111, 112, 113 y 114).

Fig. 109

Fig. 110

Fig. 111

Fig. 112

Fig. 113

Fig. 114

En cuanto a las nuevas naves laterales, la nave del evangelio, al norte, se cerró con una arcada ciega de medio punto sobre pilastras toscanas, configurando arcosolios a modo de breves capillas–altar (fig. 115).

Fig. 115

El tránsito de los contrafuertes se resolvió con acodos de medio punto que se apoyaban sobre el contrafuerte y el muro (figs. 116 y 117).

Sin embargo, al volver la vista hacia el lado sur, la nave de la epístola presenta una incomprensible asimetría con el muro norte. Dos peculiaridades sorprenden y desconciertan: por un lado, el grosor del muro se reduce considerablemente desde el acodo del contrafuerte hasta la pared de la sacristía actual (figs. 118 y 119); por otro, la simplicidad de este tramo de muro, con una superficie totalmente lisa, contrasta con las arcadas ciegas que decoran el muro opuesto y que, siguiendo los principios de simetría del Renacimiento, deberían también replicarse en este muro con la misma cadencia rítmica (figs. 120 y 121).

Fig. 116

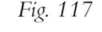

Fig. 117

Fig. 118

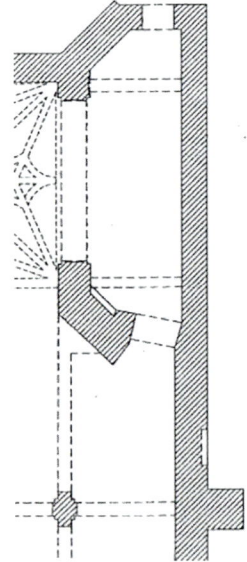

Fig. 119

Es evidente que este tramo sufrió una severa transformación posterior, que no responde a una mejora arquitectónica planificada. Más bien sugiere una reparación urgente y sin programación provocada por un hecho súbito e inesperado. Aunque no existe un documento explícito que hable de esta transformación, sí disponemos de algunas referencias históricas que arrojan luz y nos conducen a una explicación para tan simplista modificación a un muro que debería albergar la misma decoración de arcadas ciegas que su semejante en la nave opuesta.

Fig. 120   *Fig. 121*

LA CICATRIZ DE UN TERREMOTO QUE ALTERÓ EL LIENZO

Al repasar la historia, un acontecimiento devastador resuena en las crónicas de la provincia de Jaén, un cataclismo que provocó innumerables derrumbes en edificios civiles y religiosos: el terremoto de Lisboa de 1755.

El sábado 1 de noviembre de 1755, Día de Todos los Santos, alrededor de las 9:45 de la mañana, hora de misa mayor, la tierra tembló. Uno de los seísmos más potentes de la historia, que en la escala sísmica actual estaría catalogado con una intensidad de entre 8,5 y 9, sacudió parte de la península. Fue de una duración larguísima, entre tres y seis minutos, que debieron de hacerse eternos, con varios intervalos que volvían a replicar la angustia. Causó inmensos daños materiales y miles de víctimas en Portugal, España y el norte de África al tener su epicentro localizado cerca de la costa portuguesa.

Para cuantificar la magnitud de los daños, el Consejo de Castilla elaboró un cuestionario que se envió a todas las capitales y ciudades de cierta relevancia del reino para que aportaran información sobre el terremoto. En la provincia de Jaén, el impacto dejó un panorama desolador en varias localidades. Según las respuestas aportadas, en la capital sufrieron daños de diferente consideración el convento de Santo Domingo, la iglesia de San Andrés, la de Santa Cruz y el hospital de San Juan de Dios, cuya torre se derrumbó, al igual que en el convento de Carmelitas. En la catedral, las torres se agrietaron. En Baeza, la Catedral de la Natividad de Nuestra Señora sufrió graves desperfectos, con el desplome de una pared y parte de sus bóvedas y torre. La capilla de los Benavides de San Francisco, obra de Andrés de Vandelvira, vio su bóveda baída agrietarse y tuvo que ser demolida. El convento de la Merced, el de los Padres Trinitarios Descalzos y el de Nuestra Señora del Alcázar también se vieron seriamente afectados. En Úbeda, el edificio más perjudicado fue la iglesia de San Juan, donde gran parte de la torre cayó sobre los tejados, aunque también resultaron dañados la colegiata de Santa María de los Reales Alcázares, la iglesia de San Nicolás de Bari, la capilla del Salvador y el convento de San Juan de Dios.

De la ciudad de Andújar disponemos del testimonio íntegro de su corregidor, que respondió literalmente:

«*Que en esta ciudad y sus dos lugares de jurisdicción: Villanueba y Marmolejo (según me informan) tuvo principio esta tragedia a las diez menos cuarto de la mañana de dicho día, sobre minutos más o menos, habiendo permanecido por espacio de ocho a nueve y antecedido a su erupción (por lo que advirtieron todos) un ruidoso estrépito equivalente al que suelen causar cuatro o cinco coches a un tiempo, que transitan por el empedrado, habiéndose anticipado este amago al efecto que después se demostró, y durado por el tiempo de uno y medio a dos minutos, con tan impetuoso como visible movimiento; pues aquí vimos los edificios más fuertes y, en particular, las más elevadas torres, flexibles, y mimbrearse como si fueran una caña; en la tierra rasa una moción que venía a formar una especie de olas, que suele motivar el aire de las aguas depositadas en un lago estancado, acaesciendo igual vaivén o mimbreo en los plantíos arbolados, sin haberse notado en el río Guadalquivir, que corre inmediato a los muros de esta ciudad, alteración alguna, y menos en fuentes, pozos, &, cuyo inopinado, voraz, elementicio accidente, por la infinita Piedad y Misericordia Divina, no ha producido en ésta y sus dos lugares la menor desgracia personal... el mayor perjuicio ha sido en los templos, y éstos pueden muy bien repararse, sin necesidad de demolerse..., por inseguras, paredes algunas, ni bóvedas, al modo que en las demás habitaciones de este casco, a excepción de tres o cuatro esquinazos, que por insistentes, y principiados a arruinar he mandado demoler, no se ha experimentado otro daño que el de haberse desprendido de las paredes maestras algunos tabiques y desgajándose de éstas varios fragmentos»[23].*

Como se puede observar, los daños causados por el terremoto en numerosos templos de la provincia de Jaén fueron cuantiosos e importantes. La ciudad de Andújar no detalla los daños específicos ni en qué edificios, pero sí menciona perjuicios en sus dos aldeas, Villanueva y Marmolejo, indicando que el seísmo causó el mayor daño en los templos.

A la luz de este documento, y aunque no se detallan expresamente los daños de la iglesia de Villanueva, parece razonable concluir que este terremoto pudo ser la causa de la única transformación estructural del templo renacentista, una transformación para la que no existe un razonamiento arquitectónico y sí una justificación documentada de un acontecimiento súbito y de proporciones descomunales.

Siguiendo la huella de Vandelvira

Al adentrarnos en el corazón del templo, la influencia del gran arquitecto del Renacimiento se hace innegable. En el espacio central de la iglesia destacan dos esbeltos y robustos pilares con columnas adosadas sobre potentes plintos de planta cruciforme (figs. 122 y 123). Estos pilares reproducen con fidelidad el mismo esquema utilizado por

---

[23] José Manuel Martínez Solares: *Los efectos en España del terremoto de Lisboa (1 de noviembre de 1755)*. Dirección General del Instituto Geográfico Nacional. 2001.

Vandelvira en muchas de sus construcciones, algunas tan emblemáticas como la Catedral de Jaén (fig. 124). De igual forma, los capiteles y cimacios que los coronan, de una geometría sencilla y elegante, guardan también una enorme similitud con los del maestro (fig. 125 de Villanueva y 126 en Catedral de Jaén), articulando dichos pilares todos los arcos de medio punto que definen la estructura, tanto los de las naves laterales como los de la central (fig. 127).

También encontramos otro elemento de clara factura vandelviriana en la decoración doblada de las esquinas, en forma de libro, casi de idéntica forma que las de la Catedral de Jaén (figs. 128 y 129). El profesor D. Pedro Galera Andreu, catedrático de Historia del Arte de la Universidad de Jaén, en su visita a la iglesia tras la reforma, apuntó que este detalle decorativo es exclusivo de Andrés de Vandelvira, lo que aporta una prueba bastante precisa de la intervención de la mano del arquitecto jiennense en el diseño de la transformación de este templo, una obra que, evidentemente, hubo de realizarse por sus discípulos, puesto que al maestro le pilló el inicio de la obra en los últimos años de su vida.

Fig. 123

Fig. 122

Fig. 124

Fig. 125

Fig. 126

Fig. 127

Fig. 128

Fig. 129

Cuando la construcción alcanzó la altura de la segunda arcada mudéjar, se comenzó a construir el perímetro del resto de la iglesia. Se completó la cimentación de todo el edificio, incluyendo lo que hoy es el patio de la casa parroquial, un espacio que el proyecto renacentista contemplaba integrado en el templo, lo que le habría dado mayores dimensiones. Sin embargo, sobre esta parte de la cimentación nunca se levantó muro alguno, quedando enterrada a ras de suelo (fig. 130). Se avanzó en la construcción de los muros laterales y se levantaron las dos portadas de entrada al edificio, así como la torre.

En el perímetro exterior que se levanta, el elemento más representativo y destacable es la fachada principal, situada en el muro sur del templo (fig. 131), que se organiza siguiendo los principios de un Renacimiento clásico. La encontramos estructurada en dos cuerpos. El inferior lo forma la portada, compuesta por un arco de medio punto de dovelas talladas y decoradas con molduras geométricas en relieve que aportan un interesante juego de luces y sombras y en el que la clave cambia su decoración por una ménsula. Flanqueando el arco se encuentran dos robustas columnas con un fuste estriado de orden dórico con acanaladuras que le dan elegancia y verticalidad, rematadas por un capitel simple del mismo orden y que asientan sobre altos plintos moldurados que le otorgan cierta monumentalidad al conjunto. Sobre las columnas descansa un entablamento clásico completo, compuesto por arquitrabe, un friso decorado con algunos triglifos que dejan espacio a dos amplias metopas lisas[24] y una cornisa moldurada que sobresale marcando la división horizontal entre los dos cuerpos de la fachada.

---

[24] En la arquitectura clásica, el entablamento es un conjunto de elementos horizontales que se encuentra sobre las columnas y se divide en arquitrabe, friso y cornisa. En el orden dórico, el arquitrabe es la parte inferior del entablamento. El friso, ubicado encima del arquitrabe, puede ser liso o presentar una alternancia de triglifos y metopas. Los triglifos son elementos estriados con tres ranuras verticales, mientras que las metopas son los espacios entre los triglifos, que a menudo pueden estar decorados con relieves.

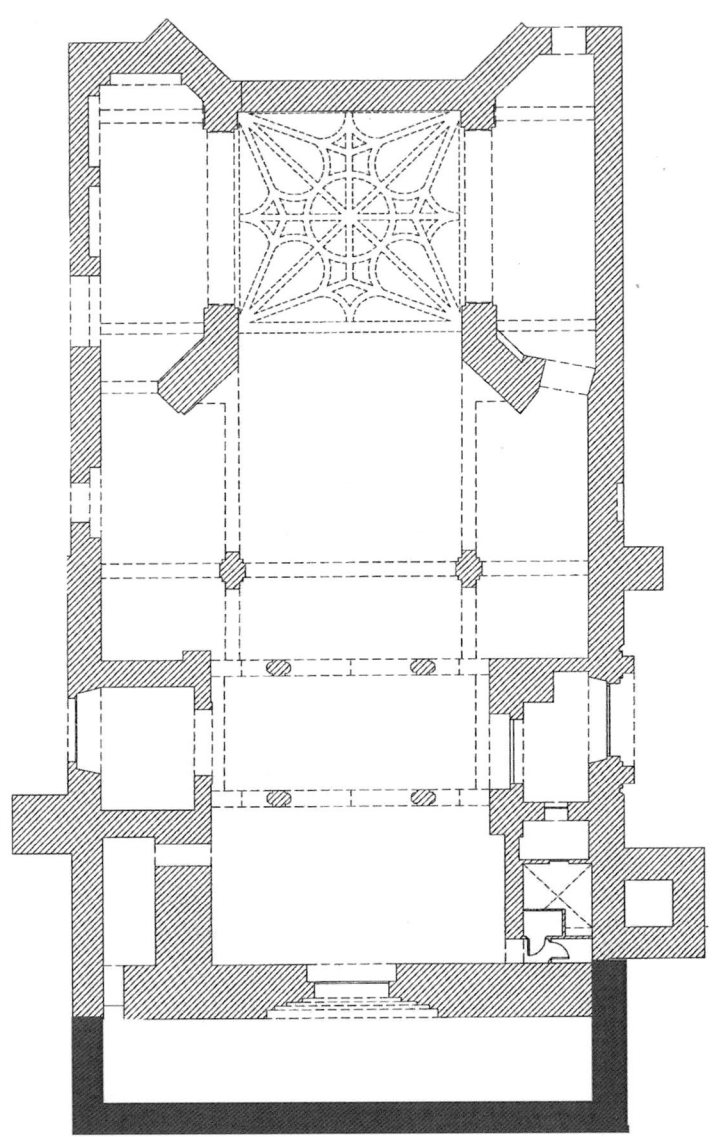

Fig. 130

Fig. 131

El conjunto se remata con un cuerpo superior de traza adintelada, pero que quedó inacabado en esta fecha y se terminará en el siglo XX, como veremos más adelante. Acoge una hornacina central flanqueada por pilastras que quedó sin rematar y, a ambos lados, sendos conjuntos de elementos decorativos formados por un modillón acompañado de pequeños pináculos, lo que introduce un leve juego manierista en su composición. Sobre esta decoración, los escudos episcopales del cardenal Moscoso y Sandoval, que refrendaban su patronazgo, dejan cortada ahí la fachada, puesto que la obra no continuó, quedando anclada en este punto durante siglos.

Muy cerca de la portada encontramos el vestigio de lo que en su día fue una segunda puerta accesoria de entrada al templo, que en algún momento que no podemos precisar se tabicó con ladrillo dormido y así estuvo hasta la reforma de 1972, que veremos más adelante (figs. 132 y 133). La puerta hoy aparece convertida en una ventana ciega y sellada con un bajorrelieve de un ángel, del que también hablaremos en su momento. No obstante, su decoración superior sorprende y quizás delata una importancia en su día, que escapa a nuestra comprensión y que perdió con el tiempo. Esta puerta está coronada por una cuidada decoración renacentista, único elemento que rompe la simplicidad y sencillez del muro liso de la construcción. El conjunto decorativo se erige sobre una estructura moldurada que simula un entablamento clásico, en el que destaca una marcada cornisa que parece apoyarse visualmente sobre dos ménsulas o modillones laterales y sobre ella apoya toda la estructura decorativa superior, en la que el elemento más relevante es un frontón partido escoltado por dos pequeños pináculos y rematado por un gran medallón circular enmarcado en una moldura rodeada por roleos, motivos decorativos florales, todo un conjunto típico del repertorio manierista de final del Renacimiento y que anuncia los ecos que resuenan ya del Barroco.

Fig. 132

Fig. 133

Todos estos elementos descritos en la fachada principal del templo evidencian la notable influencia del foco arquitectónico de Jaén liderado por los discípulos y seguidores de Vandelvira, como Alonso Barba y Francisco del Castillo el Mozo, que pudieron participar como arquitectos de la construcción, lo que podemos deducir de las similitudes casi idénticas de algunos detalles decorativos con otras obras realizadas por ellos, como podemos apreciar, por ejemplo, en una de las ventanas de la iglesia de San Bartolomé en Andújar (fig. 134). En este sentido, la iglesia de Villanueva guarda evidentes afinidades formales bastante determinantes con otros templos promovidos en el ámbito jiennense bajo el influjo vandelviriano, como la parroquia de Santiago en Castellar, la iglesia de la Asunción en Villacarrillo, Santa María la Mayor de Alcaudete…

Fig. 134

Por otra parte, en el muro opuesto del templo, el muro norte, que mira hacia el río Guadalquivir, solo hacer mención de una austera sencillez. El único elemento destacable de todo el lienzo es la portada de acceso (fig. 135). El vano que da entrada al templo es un arco de medio punto compuesto por grandes dovelas lisas y flanqueado por sencillos machones sin desarrollo escultórico o decorativo alguno. Sobre él descansa un entablamento de traza clásica con moldura corrida, donde se paraliza la construcción de forma abrupta, al igual que en la portada principal.

Fig. 135

Como hemos visto, cuando la construcción de esos muros ya había superado los arcos de las puertas de entrada, la obra se interrumpió bruscamente, como se aprecia de forma clara en el muro y las portadas. Esto debió de ocurrir en la década de 1620, ya que la obra se paralizó justo tras la colocación de los dos escudos de la fachada, que recogen de forma partida las armas del cardenal D. Baltasar Moscoso y Sandoval[25] (figs. 136, 137 y 138), que ocupó la cátedra de Jaén desde 1619 hasta 1646, y ahí se dio por concluida, aunque inacabada, la obra renacentista del siglo XVII[26].

---

[25] Como curiosidad histórica, cabe mencionar que D. Baltasar Moscoso y Sandoval fue nombrado cardenal antes que sacerdote. En 1615 el papa Pablo V, a instancias del rey Felipe III, le concedió el capelo cardenalicio cuando solo contaba veintiséis años. Fue ordenado sacerdote en 1616 y obispo de Jaén en 1619. La vertiginosa carrera del cardenal estuvo propiciada por la influencia de su tío, el duque de Lerma, valido del rey. Aunque hoy día nos puede parecer sorprendente, en el siglo XVII el cardenalato no requería el sacerdocio, por lo que ocasionalmente se utilizaba esta práctica.

[26] Fruto de una confusión bastante extendida, se ha atribuido la fundación de esta iglesia a D.ª María Notario de Lara, abuela materna de D. Martín de Ximena Jurado, en 1604. Sin embargo, esta fundación corresponde a otra iglesia, como los propios escritos de Ximena Jurado permiten esclarecer, al margen de que fecharla en 1604 produciría una discordancia de fechas con la última intervención realizada en el templo. Teniendo en cuenta que la obra terminaría culminando la fachada con los escudos del cardenal Moscoso y Sandoval, este no llega a Jaén hasta octubre de 1619, lo que hace cronológicamente imposible la finalización en la fecha señalada. Pero es la propia obra de Ximena Jurado la que permite aclarar la confusión de forma concluyente. En su obra *Catálogo de los obispos de las iglesias catedrales de Jaén y anales eclesiásticos de este obispado*, tras describir algunos aspectos de la iglesia parroquial de Villanueva, dedicada a la Natividad de Nuestra Señora, donde habla de que tiene un priorazgo con las rentas que produce y de que guarda en el sagrario una reliquia de San Acacio, unos párrafos más abajo el autor dedica un apartado específico para aclarar la existencia de otras construcciones religiosas: «Ay en este lugar dos capillas, que son iglesias públicas de personas particulares, arrimadas a las casas de su morada. La una es de la Inmaculada Concepción de Nuestra Señora, fundada en el año de 1604, como en su lugar se dirá, por D.ª María Notario, mi abuela materna. La otra es del Nombre de Iesús, fundada en mi tiempo por otra persona devota de el mismo pueblo». Más adelante, en la misma obra y en el lugar correspondiente a ese año, otro párrafo recoge: «… en el lugar de Villanueva de Andúxar…, D.ª María Notario de Lara, mi abuela materna, viuda de Martín Jurado de Moya, mi abuelo…, edificó también en el mismo lugar una casa para Convento de Religiosas de la Inmaculada Concepción de Nuestra Señora, y arrimada a ella una iglesia… No tuvo efecto el formarse el convento y quedó hecha casa de morada… que oi poseo por herencia materna juntamente con la dicha iglesia» (Martín de Ximena Jurado: *Catálogo de los obispos de las iglesias catedrales de Jaén y anales eclesiásticos de este obispado*. 1643. Páginas 177 y 507). Por lo tanto, los textos de Ximena Jurado confirman que la fundación realizada por D.ª María Notario de Lara en 1604 no corresponden a esta iglesia parroquial de la Natividad de Nuestra Señora, sino a una capilla o iglesia privada bajo la advocación de la Inmaculada Concepción, levantada junto al convento, y que, tras el fallecimiento de su abuela, ambos edificios pasaron a ser propiedad del propio Martín de Ximena Jurado. Miguel Peinado Blanco, en su libro sobre el templo ya mencionado (páginas 239 a 249), reproduce las escrituras de compraventa de un solar denominado «de la Ermita de la Concepción» en la calle Arrecife, que correspondería a la iglesia fundada por María Notario y que el autor sitúa hoy en los números 21, 23, 25 y 27 de la calle Real.

Fig. 136   *Fig. 137*

Fig. 138

Aunque la construcción se coronó con los escudos del cardenal Moscoso, el grueso de las obras se desarrolló con los obispos D. Francisco Sarmiento de Mendoza (1580-1595) y D. Sancho Dávila y Toledo (1600-1615). Del primero no ha aparecido ninguna evidencia en el templo y del segundo apareció su escudo episcopal en piedra, que en una de las reformas se colocó en la fachada de la casa rectoral, donde se encuentra hoy (fig. 139).

Las causas de esta súbita paralización por ahora las desconocemos. Pudieron ser de orden económico, de otro orden derivado de los patrocinadores de la obra o pudo haber alguna otra causa repentina que no alcanzamos a descifrar, pues los muros quedaron con la piedra descarnada, sin el más mínimo indicio de remate (figs. 140 y 141). Las dos puertas, al igual que la torre, quedaron inconclusas a una altura considerablemente elevada, por encima de los arcos de entrada (figs. 142 y 143). La puerta norte permanece así hoy día y en ella tan solo se han rematado con obra nueva las partes del muro que quedaron descarnadas.

Fig. 139

Fig. 140

Fig. 141

Fig. 142

Fig. 143

Esta interrupción abrupta fue lo que detuvo la progresiva demolición de la iglesia gótico-mudéjar para su reemplazo por la nueva construcción renacentista, y gracias a ello hoy podemos disfrutar de parte de esta magnífica basílica. Los laterales de la nueva construcción abrazaron la vieja iglesia, que no llegó a ser demolida por completo, quedando incorporada y fusionada en el nuevo templo (figs. 144, 144a y 144b). Una perfecta simbiosis entre el gótico-mudéjar y el Renacimiento que nos permite admirar hoy una obra única (fig. 145).

Fig. 144

Fig. 144a

Fig. 144b

Fig. 145

7

La construcción barroca
y el legado de las cofradías

Durante poco más de un siglo, la iglesia permaneció en un estado latente, sin sufrir transformaciones significativas en su estructura. No sería hasta el siglo XVIII, una época de florecimiento artístico y devocional en España, cuando finalmente se emprendió una modesta ampliación con la adición de la capilla del Rosario.

Esta iniciativa fue impulsada por la Cofradía de Nuestra Señora del Rosario. Esta hermandad, la más antigua documentada hasta ahora en Villanueva, personifica el papel crucial que las cofradías desempeñaron en la vida religiosa y social del siglo XVIII. Estas asociaciones, compuestas por laicos devotos, no solo se dedicaban a la promoción de cultos específicos, sino que también eran motoras de importantes obras que contribuían al incremento del patrimonio artístico y religioso de las iglesias. Era común que las cofradías, con sus cuotas y donaciones de figuras relevantes, financiaran la construcción y el embellecimiento de capillas, altares y retablos. Con ello conseguían un lugar fijo para el culto de su imagen titular, al margen del prestigio que daba a la cofradía tener una capilla propia. De esta manera, las cofradías contribuyeron a fortalecer el vínculo entre devoción popular, arte y poder local.

Así, fuera del recinto principal del templo y adosada a la nave del evangelio, se erigió esta pequeña capilla. Su propósito principal era albergar la venerada imagen de la Virgen del Rosario y, de esta manera, fomentar su culto entre los fieles.

La capilla del Rosario, aunque de reducidas dimensiones —aproximadamente 4 metros de ancho por 10 de largo (fig. 146)—, oculta en su interior una joya inesperada: una preciosa cúpula de yesería policromada, que despliega un abanico de formas y color en armonía con ese gusto por lo exuberante y la teatralidad del Barroco tardío, que aún se encuentra vibrante en esta época (fig. 147). Es un espacio pequeño, íntimo, recogido, donde los fieles pueden elevar la mirada y fundir la belleza de la cúpula con el interior del alma. Fue construida en 1735, una fecha que conocemos gracias a una inscripción grabada en el interior de la cúpula, verificada durante las obras de restauración.

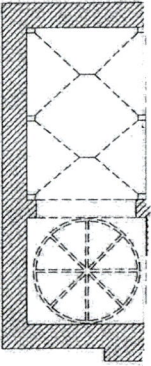

Fig. 146

Fig. 147

Paralelamente, muchas capillas también desarrollaban una función funeraria y actuaban como panteones para los hermanos fallecidos. Fue el caso de Villanueva, donde bajo la planta de esta capilla se construyó una cripta abovedada de ladrillo (fig. 148). La existencia de una cripta bajo la capilla del Rosario indica que las cofradías no solo buscaban un espacio para el culto, sino también un lugar de enterramiento para sus miembros, consolidando su presencia y legado dentro del templo.

Fig. 148

8

Los siglos XIX y XX: transformaciones y revelaciones

Los siglos XIX y XX aportaron nuevas capas a la historia de la iglesia, aunque no exentas de misterios y emocionantes descubrimientos. El siglo XIX, en particular, se presenta como un periodo de silencio documental en cuanto a intervenciones en el templo. Sin embargo, sabemos que entre mediados del siglo XIX y el primer tercio del siglo XX la silueta de la torre de la iglesia de Villanueva de la Reina finalmente culminó su terminación. La fecha exacta de esta intervención a día de hoy la desconocemos, pero esta imponente estructura, que había permanecido inconclusa desde la interrupción de las obras renacentistas, la encontramos ya erguida en su totalidad al inicio de la guerra civil española en 1936, pues al finalizar la contienda en 1939 nombran párroco de la iglesia a D. José Linares Marín, del cual conocemos que, como en el campanario no había campana, a falta de recursos económicos, pusieron unos raíles que los monaguillos «tañían» a base de golpes para llamar a los feligreses a los actos religiosos[27].

El estado de la torre a mediados del siglo XIX nos lo proporciona Pascual Madoz, que fue ministro de Hacienda con Isabel II, en su monumental obra *Diccionario geográfico-estadístico-histórico de España, 1845-1850*, donde hace una pequeña descripción de cada pueblo de España. A la hora de describir Villanueva de la Reina, Madoz se refiere a la iglesia y dice:

---

[27]   Miguel Peinado Blanco: *El templo parroquial de Villanueva de la Reina, 1939-2019*.

«... hay también iglesia parroquial (Natividad de Nuestra Señora), sin bellezas artísticas, pues su exterior más parece fortaleza que templo» (figs. 149 y 150).

Esta apreciación se debía, precisamente, a la torre inacabada. Al quedar cortada algo por encima de las portadas, la estructura presentaba una apariencia más similar a un robusto torreón defensivo que a la esbelta torre de una iglesia, una singularidad que he intentado reproducir a través de las simulaciones de las figuras 151 y 152. Estas recreaciones nos confirman que hasta 1850 la torre no fue tocada, lo que sugiere que su finalización debió de producirse entre finales del siglo XIX y principios del XX, cuando por fin se alzó en toda su altura, completando así definitivamente una silueta que llevaba siglos esbozándose.

VILLANUEVA DE LA REINA: v. con ayunt. en la prov. y dióc. de Jaen (5 leg.), part. jud. de Andújar (2), aud. terr. y c. g. de Granada (20). SIT. en una vega á la orilla izq. del *Guadalquivir*, á unas 400 varas sobre el nivel de dicho r. en terreno tan firme, que resiste al choque de las aguas que se derraman por la orilla opuesta, y nunca bañan el pavimento de ella, ni está espuesta á inundaciones por grandes que sean las avenidas; el CLIMA es bastante cálido, y á pesar de ser sano, se padecen en la estacion de calor fiebres intermitentes. Consta de 300 CASAS; dos calles principales de mucha estensión y algunas laterales; casas capitulares, escuela de niños concurrida por 120, dotada en 2,200 rs., y otras dos de niñas, á que asisten 80, que satisfacen á las maestras una retribucion convencional; hay tambien igl. parr. (Natividad de Ntra. Sra.) sin bellezas artísticas, pues su esterior mas parece fortaleza que templo: el retablo del altar mayor corresponde á la arquitectura greco-romana, y no carece de mérito artístico, si bien tiene la pesadez que por lo general se nota en las obras del siglo XVII; la sirve un cura párroco perpetuo titulado prior, que se provee por oposicion en concurso general, y un teniente cura amovible á voluntad del prelado diocesano; asi mismo hay dentro de la pobl. 5 ermitas; las mas notables son San Marcos al E, y la del Señor del Humilladero al O. Los vec. se sirven para beber de las aguas del r. *Guadalquivir*. Confina el TÉRM. por el N. con el de Baños y Bailen; E. los de Cazadilla y Espeluy; S. el de Higuera de Arjona, y O. el de Andújar, y se estiende como 1 1/2 leg. de E. y O. y 4 de N. á S.: comprende dentro de su jurisd. las casas de Albar-

Fig. 149

Fig. 150

Fig. 151

Fig. 152

EL SIGLO XX: REFORMAS INTERIORES Y EL GRAN DESCUBRIMIENTO

La iglesia comenzó su andadura en el siglo XX con su torre presidiendo ya el conjunto. Las décadas siguientes fueron testigos de numerosas reformas internas, impulsadas por los sucesivos párrocos y meticulosamente documentadas por Miguel Peinado Blanco en su obra *El templo parroquial de Villanueva de la Reina, 1939-2019.* Estas intervenciones, aunque significativas para la funcionalidad y la estética interior, no alteraron la estructura principal del edificio hasta bien entrado el último tercio del siglo.

Fue en 1972 cuando se acometió una nueva intervención estructural en el conjunto, la última hasta hoy: la culminación de una de las portadas renacentistas que habían quedado sin finalizar. Concretamente, se trató de la puerta de la fachada principal, junto a la torre, el acceso hoy día al templo. La iniciativa partió del recién llegado párroco, D. Domingo Aguilera Arjonilla, quien, con la sensibilidad de todo amante del patrimonio artístico, quiso ver rematada esta magnífica obra del Renacimiento. Para ello, contactó con el arquitecto jiennense Rueda Heredia, a quien le encargó el diseño del lienzo que faltaba siguiendo las líneas clasicistas de la obra.

Como ya se ha mencionado, la portada y la fachada principal se habían detenido abruptamente a la altura de los escudos episcopales del obispo D. Baltasar de Moscoso y Sandoval, que flanqueaban la entrada, y una hornacina, también inacabada, destinada a acoger una imagen de la Natividad de la Virgen, permanecía vacía. La intervención consistió en elevar la fachada con nueve hileras de piedra de cantería, idéntica a la preexistente, rematando el conjunto con un elegante frontón triangular de tímpano liso, que descansa sobre dos ménsulas y se perfila con una cornisa, siguiendo el más puro estilo clásico del Renacimiento (fig. 153).

El toque final fue dar vida a la hornacina. En ella se instaló una magnífica talla del escultor jiennense Damián Castejón: una emotiva imagen de Santa Ana acogiendo en sus brazos a la Virgen María recién nacida, una escena que representa el nacimiento de la Virgen y materializa la advocación bajo la que había sido concebido el templo: la Natividad de Nuestra Señora (fig. 153a).

Fig. 153

Fig. 153a

Una vez terminada la fachada, también realizaron una pequeña reforma en la puerta lateral, que permanecía tapiada con ladrillo desde época desconocida, para convertirla en una ventana ciega con función decorativa (fig. 154). Retiraron el ladrillo, igualaron el muro con piedra de sillería hasta la altura del zócalo, lo que dejaba la puerta convertida en una ventana, y cegaron el hueco con un bajorrelieve que contiene la figura de un ángel alado, con túnica de amplios pliegues, que sostiene un libro en su mano derecha en el que aparece una inscripción en latín, «*Quam terribilis est locus iste*», que traducida dice: «Cuán terrible es este lugar» (figs. 155 y 156). Este bajorrelieve es uno de los dos que se encontraron tirados en el patio de la casa rectoral. El segundo se colocó posteriormente junto a la entrada a la sacristía, colgado a media altura en un soporte de hierro. Contiene igualmente la figura de un ángel alado, con un libro en su mano izquierda donde reza, en latín, la inscripción «*Haec est domus Dei*», cuya traducción es: «Esta es la casa de Dios» (figs. 157 y 158). Esto formaría parte de una teofanía que a veces se colocaba en las iglesias y constaba de tres ángeles, cada uno de los cuales portaba una inscripción con un texto del Génesis. En este caso se habría perdido el tercer ángel, que debería contener la frase «*Et haec est porta cæli*» («Y esta es la puerta del cielo»)[28].

---

[28]   Estas palabras se recogen en el Génesis, donde se cuenta que Jacob, cuando iba camino de Beerseba, pasó la noche en un paraje donde tuvo un sueño en el que vio una escalera que subía hasta el cielo. Al despertar pronunció una frase que en la Edad Media la Iglesia simplificó en tres mensajes portados por tres ángeles que colocaban en las iglesias para difundirlos entre los fieles. Las palabras exactas de Jacob, tomadas de la Vulgata (Génesis 28, 16-17), son en realidad dos frases consecutivas. En primer lugar, dijo: «*Vere Dominus est in loco isto et ego nesciebam*». Y, sobrecogido por el temor, añadió: «*Quam terribilis est, inquit, locus iste! Non est hic aliud nisi domus Dei, et porta cæli*». La primera frase se traduce como: «Verdaderamente, el Señor está en este lugar y yo no lo sabía». Esta expresa el asombro de Jacob al reconocer la presencia inesperada y sobrecogedora de Dios en el lugar en el que él se había recostado, y que consideraba un lugar ordinario. La segunda frase se traduce como: «¡Qué terrible es este lugar! No es otra cosa que la casa de Dios y la puerta del cielo». El término «terrible» *(terribilis)* en este contexto no debe entenderse como algo espantoso, sino más bien como algo que inspira un profundo respeto, reverencia y asombro (temor de Dios). Jacob reconoce que ese lugar no es uno más, sino un punto de encuentro entre lo divino y lo humano, una «casa de Dios» *(domus Dei)* y una «puerta del cielo» *(porta cæli)*.

Fig. 154

Fig. 155

Fig. 156

Fig. 157   *Fig. 158*

La culminación de la fachada fue un verdadero esfuerzo comunitario de todos los vecinos de la localidad. La realización de la obra se llevó a cabo por personal del pueblo, con Lucas Arenas Cañizares como constructor e Ignacio Alves Arenas como maestro de obras, asistido por los hermanos Manuel y Tomás Soto Extremera, entre otros muchos que trabajaron en el transcurso de las obras. El proyecto se financió mediante un préstamo de 100.000 pesetas, que fue devuelto gracias a los generosos donativos y colectas de los vecinos, un testimonio de la devoción y el compromiso de la comunidad con su iglesia.

Un viaje a través del tiempo: la revelación gótico-mudéjar

Hasta este punto, la historia de la iglesia que hemos narrado ha sido un relato a través de las superposiciones arquitectónicas ya consolidadas que encontramos en ella: desde un torreón defensivo medieval hasta un crisol de estilos que incluyen elementos mudéjares, góticos, renacentistas y barrocos. Sin embargo, la mayor sorpresa y la transformación más radical del templo aún están por narrar, porque fueron lo último en llegar. Una transformación que no implicaría la construcción de nuevos elementos, sino la revelación de una basílica gótico-mudéjar oculta en el corazón del templo renacentista. Una revelación surgida de la humedad y de la intuición, de la mirada inquieta de un párroco y de un atrevimiento osado con el cincel.

Ya a mediados de los años 70, mientras se finalizaba la portada principal, se inició un picado en el interior de la iglesia para liberar las paredes de las múltiples capas de yeso que cubrían la piedra. Se desnudaron algunas paredes y las dos grandes columnas renacentistas, que lucieron espléndidas con su piedra al descubierto. No obstante, al llegar a los dos pilares siguientes, los trabajadores se toparon con una obra de ladrillo coronada por capiteles algo toscos, con decoración de hojas de acanto, que servían de base a unos arcos ojivales. Esta estructura, al no encajar con la estética dominante y ser percibida como de menor calidad por el ladrillo, no fue considerada interesante y se decidió no seguir picando, aunque en esa aparente tosquedad latía una historia olvidada y silenciada por el tiempo que en esta ocasión no quiso ser liberada.

Pero a veces los grandes hallazgos no surgen de excavaciones planificadas ni de proyectos grandilocuentes, sino de un gesto decidido de quien se atreve a mirar más allá de lo aparente. Así ocurrió en Villanueva de la Reina en 2008, año que supondrá el punto de inflexión que cambiará para siempre la percepción del templo y su historia.

En el año 2007 llegó a la iglesia el nuevo párroco, D. Alberto Jaime Martínez Pulido, una figura emprendedora y de gran sensibilidad artística. Al año siguiente, D. Alberto acometió tareas de restauración, despojando al templo renacentista de las capas y adornos de yeso que lo ocultaban. Comenzó eliminando un retablo de escayola que cubría y disimulaba los arcos renacentistas de la nave norte, junto a la capilla del Rosario, y continuó con la limpieza de las paredes. Estas tareas se extendieron, impulsadas por el afán de erradicar zonas de densa humedad que amenazaban la integridad de muros ya comprometidos en su consistencia.

Tres dependencias situadas a los pies de la iglesia, unos espacios estancos, oscuros, cerrados y afectados por una humedad severa, se convirtieron en el foco de atención. Uno de estos espacios se había integrado como dormitorio en la vivienda del párroco, otro servía como baptisterio y el último como almacén. La limpieza de las paredes comenzó por el baptisterio. Pronto, bajo las capas de revoco, emergió un muro de ladrillo antiguo, de aquellos que transmiten sensación de historia, y cuando quedaron al descubierto nuevos ladrillos con formas redondeadas rápidamente se pudo adivinar la presencia de un pilar con pilastras adosadas. La intuición del párroco, su habilidad para leer la historia a través de las piedras, lo llevó a asociar estos ladrillos con una estructura simétrica a la que se había limpiado en los años 70, y que hasta entonces había sido considerada un elemento aislado, de escaso valor y sin conexión alguna con el resto del edificio, comprendiendo que en realidad no eran elementos aislados, sino parte de un todo oculto.

En una decisión valiente y arriesgada, que afortunadamente resultó ser un acierto rotundo, el párroco ordenó derribar las paredes que compartimentaban el espacio, entresuelos de vigas de hormigón y techos de escayola (figs. 159 y 160). El resultado fue la revelación de un espacio insospechado: media basílica gótico-mudéjar intacta. Se abrió un espacio diáfano, sostenido por cuatro pilares de ladrillo macizo de planta cruciforme, con pilastras adosadas, que emergió de unos muros carcomidos por la humedad que lo habían condenado a siglos de oscuridad y ostracismo. Sobre estos pilares, capiteles de piedra con tosca decoración geométrica y hojas de acanto sostienen tres magníficos arcos ojivales en fábrica de ladrillo. El conjunto se completó con la aparición de otros elementos que también vieron la hora de abandonar el anonimato: una bellísima portada con tres arquivoltas de arcos ligeramente apuntados, realizada en piedra de cantería perfectamente labrada sobre una base de ladrillo, que evoca esa solidez de la arquitectura románica, tan difícil de encontrar en estas latitudes por el propio devenir de la historia. Además, restos de un recinto fortificado y un inmemorial pozo emergieron de la historia para dar explicación, ¡por fin!, al epicentro de tantas humedades en el templo.

Fig. 159

Fig. 160

UN LEGADO ARQUITECTÓNICO ÚNICO

El nuevo espacio que nos había sido revelado generaba un abanico de sensaciones desconocidas hasta ese momento al entrar en el
templo. Ese doble cuerpo de triple arcada, en su perspectiva frontal,
ofrece un juego de espacios en perfecta armonía con el conjunto de
la arquitectura. Visto desde la diagonal, se transforma en un juego
de volúmenes que parece interpretar la mejor de las sinfonías, una
sinfonía callada de estilos y tiempos. Desde el primer instante, uno se
siente transportado a un mundo atemporal, celestial, donde el juego
de luces inspira espiritualidad, misticismo y pasión, y una sensación
de universalidad surge de la sincronizada fusión de estilos y culturas.
Gótico y mudéjar se daban la mano en una danza que el Renacimiento
no borró, sino que abrazó.

Por todo ello, con una sonrisa que cabalga entre la ironía y la
gratitud, bien podríamos exclamar: ¡¡benditas humedades, que trajeron
tan bendita reforma!! Porque gracias a ellas lo oculto se transformó en
tesoro y lo que parecía perdido devino en hallazgo que ha devuelto a
la luz una de las joyas arquitectónicas más singulares de la provincia y
de Andalucía para el patrimonio de este pueblo, de esta diócesis y de
esta provincia. Porque no solo nos encontramos ante media basílica
gótico-mudéjar en un estado de conservación magnífico y de gran
relevancia debido a la escasez de arquitectura similar en esta zona,
sino que cuenta con una singularidad que la hace inigualable: esta

joya se halla en el corazón de un templo renacentista, que la escondió durante siglos, la protegió del desgaste del tiempo y hoy la abraza y la integra en un conjunto arquitectónico verdaderamente único. Un milagro de la historia, un prodigio del azar y un resultado de la perseverancia humana.

Hoy, al cruzar el umbral de la iglesia, no solo entramos en un templo. Nos adentramos en un palimpsesto de piedra y fe, de estilos y culturas, donde cada rincón guarda una voz, una cicatriz, un secreto, una tradición, una leyenda… y sigue contando una historia a quienes tengan oídos para oír… y ojos para ver.

Bibliografía

Francisco Javier Aguirre Sábada y Mª del Carmen Jiménez Mata. *Introducción al Jaén islámico.* Instituto de Estudios Jiennenses. Excma. Diputación Provincial. 1979.

Manuel González Jiménez. «Orígenes de la Andalucía cristiana». *Historia de Andalucía. Vol. II.* Cupsa Editorial. Editorial Planeta, S. A. 1980.

Jesús Molero García. *El castillo medieval en la península ibérica: ensayo de conceptualización y evolución tipológico-funcional.* Universidad de Castilla-La Mancha. 2022.

Rafael Eugenio Romero García. *Medidas antiguas españolas.* 2004. Técnica industrial 254.

Rubén Rocha Martínez. «La vara». *Boletín de Monumentos Históricos.* 2013.

Juan Cuevas Mata, Juan del Arco Moya y José del Arco Moya. *Relación de los hechos del muy magnífico e más virtuoso señor, el señor don Miguel Lucas, muy digno condestable de Castilla. Edición y estudio.* 1ª ed. Jaén, Universidad, Ayuntamiento. 2001.

Gabriel Castilla de la Vega. *Evolución histórica de Villanueva de la Reina.* 2009.

José del Moral de la Vega, Diego del Moral Martínez y José del Moral Martínez. *Discurso de las efigies y verdaderos retratos no manufacturados, del Santo Rostro y Cuerpo de Cristo, Nuestro Señor, desde el principio del mundo y que la Santa Verónica, que se guarda en la santa iglesia de Jaén, es una del duplicado o triplicado, que Cristo, Nuestro Señor, dio a la bienaventurada mujer Verónica.* Por el doctor Juan de Acuña del Adarve, prior de Villanueva de Andújar. Edición facsímil con estudio crítico. Excmo. Ayuntamiento de Villanueva de la Reina. 2024.

JOSÉ DEL MORAL DE LA VEGA. «Comentarios a dos cartas inéditas del prior de Villanueva de Andúxar. Doctor Don Juan Acuña del Adarve. Referentes a la causa de Santa Potenciana». *Boletín del Instituto de Estudios Giennenses.* ISSN: 0561-3590. N.º 147 (1993), págs. 61-72.

JOSÉ RODRÍGUEZ MOLINA y Mª JOSÉ OSORIO PÉREZ. *Catálogo de los obispos de las iglesias catedrales de Jaén y anales eclesiásticos de este obispado.* Martín de Ximena Jurado. Ed. facsímil. Estudio preliminar e índices. Universidad de Granada. 1991.

ANTONIO TERRONES Y ROBLES. *Vida, martyrio, translacion y milagros de San Euphrasio, obispo y patrón de Andújar.* 1657. Edición facsímil. Diputación Provincial de Jaén. 1996.

MIGUEL PEINADO BLANCO. *El templo parroquial de Villanueva de la Reina, 1939-2019.* 2021.

PEDRO ARENAS CALZADO. *La separación de Villanueva en 1790.* I Jornadas Históricas de Villanueva de la Reina. 2000.

JOSÉ ENRIQUE LÓPEZ DE COCA CASTAÑER. «Los reinos de taifas y las dinastías bereberes». *Historia de Andalucía. Vol. II.* Cupsa Editorial. Editorial Planeta, S. A. 1980.

«El reino de Granada. Granada mudéjar». *Historia de Andalucía. Vol. III.* Cupsa Editorial. Editorial Planeta, S. A. 1980.

IGNACIO HENARES CUÉLLAR y RAFAEL LÓPEZ GUZMÁN. *Arquitectura mudéjar granadina*. Caja General de Ahorros y Monte de Piedad de Granada. 1989.

CARLOS DUQUE HERRERO, FERNANDO REGUERAS GRANDE y ANTONIO SÁNCHEZ DEL BARRIO. *Rutas del mudéjar en la provincia de Valladolid*. Castilla Ediciones. 2005.

PEDRO A. GALERA ANDREU. *Arquitectura de los siglos XVII y XVIII en Jaén*. Caja de Ahorros y Monte de Piedad de Granada. Seminario de Estudios. 1977.

JUAN DEL ARCO MOYA (coordinador). *Andrés de Vandelvira. Vida y obra de un arquitecto del Renacimiento*. Exposición conmemorativa del quinto centenario de su nacimiento. Ayuntamiento de Jaén. 2006.

El renacimiento en Andalucía. Jornadas Europeas de Patrimonio. Junta de Andalucía. 2006.

SÉBASTIEN MALAPRADE. *Des Châteaux en Espagne. Gouvernement des finances et mobilité sociale au XVIIᵉ siècle*. Presses Universitaires de Limoges. 2018.

TEODORO MARTÍN MARTÍN. *Fuentes para el estudio de las Cofradías en el Antiguo Régimen, con ejemplos de La Vera (Cáceres) y Madrid*. UNED. Madrid. 2006.

INMACULADA ARIAS DE SAAVEDRA ALIAS. *La religiosidad popular en la España del siglo XVIII: cofradías, ermitas y romerías*. Universidad de Granada. 1999.

DIEGO ANGULO ÍÑIGUEZ. *Historia del arte. Tomo I*. Distribuidor: E. I. S. A. 1976.

José Fernández García (dirección). *Jaén. Tomo II*. Editorial Andalucía. 1989.

Antonio Domínguez Ortiz (director). *Historia de Andalucía. Vol. III*. Cupsa Editorial. Editorial Planeta, S. A. 1980.

Obra de diversos autores coordinada por Miguel Ortega Bueno y José Manuel Serrano Alba. *Jaén. Pueblos y ciudades. Vol VII*. Caja y Monte de Córdoba, Cajasur, bajo licencia de Diario Jaén, S. A. 2000.

FUENTES DOCUMENTALES

Archivo Histórico Municipal de Andújar
Archivo General de Simancas
Biblioteca Nacional de España